1 MONTH OF FREE READING

at

www.ForgottenBooks.com

By purchasing this book you are eligible for one month membership to ForgottenBooks.com, giving you unlimited access to our entire collection of over 1,000,000 titles via our web site and mobile apps.

To claim your free month visit:
www.forgottenbooks.com/free1017019

* Offer is valid for 45 days from date of purchase. Terms and conditions apply.

ISBN 978-0-331-12765-2
PIBN 11017019

This book is a reproduction of an important historical work. Forgotten Books uses state-of-the-art technology to digitally reconstruct the work, preserving the original format whilst repairing imperfections present in the aged copy. In rare cases, an imperfection in the original, such as a blemish or missing page, may be replicated in our edition. We do, however, repair the vast majority of imperfections successfully; any imperfections that remain are intentionally left to preserve the state of such historical works.

Forgotten Books is a registered trademark of FB &c Ltd.
Copyright © 2018 FB &c Ltd.
FB &c Ltd, Dalton House, 60 Windsor Avenue, London, SW19 2RR.
Company number 08720141. Registered in England and Wales.

For support please visit www.forgottenbooks.com

LE
CONGRÈS DE PARIS (1856)
ET LA
JURISPRUDENCE INTERNATIONALE

PAR

ARTHUR DESJARDINS

[illegible subtitle lines]

PARIS

A. DURAND & PEDONE-LAURIEL, ÉDITEURS

PEDONE-LAURIEL, Successeur

1883

LE CONGRÈS DE PARIS (1856)

ET

LA JURISPRUDENCE INTERNATIONALE

LE
CONGRÈS DE PARIS (1856)

ET

LA JURISPRUDENCE INTERNATIONALE.

Après avoir résolu, du moins pour quelques années, la question d'Orient, le congrès de Paris régla, sur quatre points fondamentaux, le droit de la guerre. La paix de Westphalie, avait dit le 8 avril 1856 un des plénipotentiaires français, a consacré la liberté de conscience; le congrès de Vienne, en 1815, l'abolition de la traite des noirs et la libre navigation des fleuves; il serait digne du congrès de Paris de mettre fin à de trop longues dissidences en posant les bases d'un droit maritime uniforme en temps de guerre. On se mit aussitôt à l'œuvre et, huit jours après, un « immense progrès (1) » était accompli. M. Danewski, professeur à l'Université de Kharkow, dans son aperçu historique de la neutralité, publié à Moscou en 1879, a qualifié la déclaration de 1856 « l'acte le plus sublime et le plus *humanitaire* (2) du XIX° siècle. » Le plus grand évènement du XIX° siècle au point de vue du droit maritime inter-

---

(1) Calvo, *Le droit intern.*, 2° éd., t. II, § 941.
(2) Trad. des rédacteurs de la *Rev. de dr. intern*, t. XI, p. 461.

national, a répété, l'année dernière, M. Ch. de Boeck (1), est, du moins jusqu'à ce jour, cette déclaration.

En effet sept puissances proposaient, trente-quatre états des deux mondes acceptaient l'abolition de la course, l'immunité de la propriété ennemie sous pavillon neutre et de la propriété neutre sous pavillon ennemi, la contrebande de guerre exceptée, et la suppression des blocus fictifs. C'était la plus péremptoire des réponses aux hommes d'état et aux hommes de guerre qui contestaient, qui devaient encore, quelques années plus tard, enivrés par l'abus de la force, contester l'existence du droit international.

Cependant trois puissances maritimes, l'Espagne, les États-Unis, le Mexique refusaient de sanctionner ce nouveau pacte, sans parler des états de l'Extrême-Orient, tels que la Chine, le Japon, l'empire d'Annam, dont on ne sollicitait pas même l'adhésion. D'autre part, même parmi les signataires, il en était qui n'adhéraient pas, au moins à certaines parties du traité, sans beaucoup d'hésitation. M. Drouin de Lhuys vous a lui-même rappelé, dans un mémoire lu à votre séance du 4 avril 1868, que les deux grandes puissances maritimes avaient, dès le mois de mars 1854, adopté d'un commun accord les maximes énoncées, deux ans après, dans la déclaration, mais que la France avait dû tout d'abord, pour désarmer la résistance et lever les scrupules de l'Angleterre, insister sur le caractère temporaire de cette concession, quoique, dans la pensée de notre gouvernement, ce régime « en apparence transitoire » fût destiné « à se perpétuer par la force même des choses et d'un consentement unanime. » Beaucoup d'hommes d'état anglais, secondés par une pléiade de jurisconsultes, se montrèrent aussi récalcitrants le lendemain que la veille, alléguant tantôt que la convention ne liait personne dès

(1) *De la propriété privée ennemie sous pavillon ennemi*, p. 105.

qu'elle ne liait pas tout le monde, tantôt qu'elle profiterait à l'univers entier, si ce n'est à la Grande-Bretagne, et la déclaration reçut, dans le Parlement, de nombreux et furieux assauts. D'autres jurisconsultes, par exemple en France Hautefeuille, Giraud, Dupin, soutinrent, que le pacte international de 1856 avait été, du moins en quelques-unes de ses partîes, imaginé dans l'intérêt exclusif de l'Angleterre, et que nous avions fait un marché de dupes. Enfin quelques-uns de ces publicistes, chacun à son point de vue, des deux côtés du détroit, ont prétendu que la convention était inexécutable, et que, à la première occasion, elle serait nécessairement foulée aux pieds.

Il y a donc un véritable intérêt à rechercher ce qu'est devenue, depuis plus d'un quart de siècle, la déclaration de 1856. Il s'en faut de beaucoup, on le sait, que le ciel ait exaucé, dans cette période, les vœux de l'abbé de Saint-Pierre. A la guerre de 1854 ont succédé coup sur coup celles de 1860, de 1861, de 1864, de 1865, de 1866, de 1870, de 1877, de 1883. La déclaration a été mise à l'épreuve. L'a-t-on appliquée ou méconnue ? Tous les peuples l'ont-ils entendue de la même manière ? A-t-elle donné le branle à des idées nouvelles et peut-on croire que cette réforme est la préface d'autres réformes ? Nous interrogeons d'autant plus volontiers à ce point de vue l'histoire des peuples maritimes que le pacte de 1856 a été préparé par le gouvernement français et voté à Paris sur l'initiative d'un plénipotentiaire français. C'est à la fois une œuvre internationale et une œuvre française.

CHAPITRE PREMIER

« La course est et demeure abolie », tel est le premier des quatre principes écrits dans la déclaration du 16 avril 1856. C'est, à vrai dire, le seul qu'aient expressément repoussé les trois nations dissidentes. Le Mexique, l'Espagne et les États-Unis se crurent menacés de perdre la meilleure arme défensive qu'ils pussent employer dans une guerre maritime, et ce fut le prétexte ou le motif de leur opposition.

De graves raisons avaient déterminé les sept puissances signataires et les trente-quatre états qui acceptèrent le protocole.

La course est illégitime parce que le droit de guerre appartient à l'état, non aux individus. Les nations, qui forment des sociétés indépendantes, peuvent seules recourir à la force, parce qu'elles ne reconnaissent ni juges ni arbitres communs. C'est pourquoi les pirates sont mis hors du droit des gens. Les corsaires reçoivent, il est vrai, une sorte de commission en recevant leurs lettres de marque. Mais le droit de guerre est de ceux qui ne peuvent pas se déléguer. Commissionnés ou non, ces gens-là ne font la guerre que pour leur compte, n'y cherchant que leur part dans le produit des prises, car aujourd'hui que les corsaires ne peuvent plus guère s'adresser aux formidables vaisseaux de la marine militaire, il faudrait beaucoup de naïveté pour se figurer avec certains théologiens du dix-septième siècle, qu'ils se proposent encore le bien public « comme intention première » en écumant la Manche ou la Méditerranée; leur but n'est donc pas légitime.

Les corsaires, a dit un éminent publiciste portugais, sont, en général, « un ramas de tout ce qu'il y a de plus infâme dans les ports. » Michel Chevalier n'avait-il pas raison de se demander, lorsqu'un débat s'éleva, en 1860, dans l'Académie des sciences morales et politiques, sur la suppression de la course, ce qu'on peut attendre de tels hommes, errant sans contrôle sur le vaste Océan ? A combien d'excès ne pourront-ils pas se livrer ? Où sera la répression ? La mer est si commode ! Giraud, Hautefeuille et d'autres croient s'en tirer en demandant qu'on règle avec soin la police de la course. Quelle utopie ! Duguay-Trouin lui-même ne se faisait le plus souvent obéir que le pistolet au poing et ne put, malgré ses efforts, empêcher le sac de Rio-Janeiro. Surcouf, dans la mémorable affaire du *Kent*, a dû, pour donner à ses marins un élan suprême, leur promettre une heure de pillage ! Comment le premier venu pourra-t-il arrêter ces équipages qui risquent leur vie non pour la patrie, non pour l'honneur, mais à l'âpre et furieuse poursuite du butin, en leur parlant du droit des gens et du code international ?

Giraud lui-même (1) reconnaît qu'il faudrait à tout prix leur enlever la police des neutres, « parce qu'ils sont trop intéressés à trouver un ennemi sous le pavillon neutre. » Mais le moyen de la leur enlever ! Comment les empêcher d'arrêter et de visiter en pleine mer un navire neutre en apparence, suspect à leurs yeux (ils pourront toujours le prétendre), ne fût-ce que pour vérifier sa neutralité ? Rien de plus instructif, à ce point de vue, que la lettre écrite le 18 fructidor an VI par l'amiral Bruix, ministre de la marine, au ministre de la guerre : nos corsaires nous étaient, sous le Directoire, dénoncés par les neutres, par les alliés mêmes pour de continuelles infractions au droit des gens. Ils n'épargnaient ni les propriétés des particuliers français ni même celles de la République ; c'est ainsi, par exemple,

---

(1) Il s'éleva, dans le débat académique de 1860, contre la suppression de la course et ne cessa pas de la blâmer dans son enseignement.

qu'ils avaient saisi des bâtiments chargés d'approvisionnements pour notre flotte. « Nous finissons, écrivait l'amiral, par courir sur nous-mêmes. » Tout concourait donc, en 1856, à l'adoption de ce premier principe.

Le docteur Ignacio de Negrin (1), dans son traité de droit international maritime, publié à Madrid en 1873, justifie l'opposition du cabinet espagnol en soutenant que la course est un moyen légitime de guerre et comme une « émanation » du droit naturel de défense. L'abolition de cet ancien usage favoriserait donc seulement les plus forts aux dépens des états maritimes de second et de troisième ordre. Autant vaudrait interdire aux belligérants l'organisation de corps francs pour remédier à l'insuffisance de l'armée régulière.

Les États-Unis ne prirent pas tout à fait la même attitude. Si la guerre ne devait se faire que d'état à état, il fallait, à les en croire, être logique et pousser le raisonnement jusqu'au bout. En abolissant la course, on se bornait à limiter le nombre de ceux qui pourraient désormais s'attaquer à la propriété privée : c'est le principe même de la guerre à la propriété privée qu'il fallait extirper du code international. La mesure proposée n'était donc qu'une demi-mesure : encore paraissait-elle au cabinet de Washington aussi dangereuse qu'inconséquente. « Supposons la
« guerre contre la Grande-Bretagne, avait dit à lord Cla-
« rendon dès le mois de mars 1854 M. Buchanan, ministre
« américain à Londres : ses forces navales en bâtiments de
« guerre sont de beaucoup supérieures à celles des États-Unis;
« le seul moyen en notre pouvoir pour balancer quelque peu
« cette supériorité numérique serait de convertir en corsaires
« nos bâtiments marchands susceptibles d'être employés à
« la guerre. » « Si les principales puissances de l'Europe,
« avait ajouté le message présidentiel du 4 décembre 1854,
« s'accordent à proposer, comme principe de droit interna-

---

(1) Commissaire de la flotte et chef de bureau de l'amirauté.

« tional, d'exempter la propriété particulière sur l'Océan
« de toute saisie par les croiseurs de l'état belligérant, de
« même que par les corsaires, nous sommes prêts à nous
« rencontrer avec elles sur ce large terrain. » « J'ai exprimé,
« reprit le message du 2 décembre 1856, la bonne volonté
« de notre gouvernement d'accéder à tous les principes
« contenus dans la déclaration de la conférence de Paris,
« pourvu que la résolution relative à l'abandon de la
« course pût être modifiée de manière à procurer l'entier
« accomplissement du dessein qu'on paraît avoir formé,
« c'est-à-dire à mettre la propriété privée à l'abri de toute
« capture hostile sur l'Océan. Pour atteindre ce but, nous
« proposons de compléter ainsi l'article premier de la dé-
« claration : *en outre, la propriété privée des sujets et ci-*
« *toyens d'un belligérant en pleine mer sera exempte de*
« *capture par les vaisseaux publics armés de l'autre belli-*
« *gérant, à l'exception de la contrebande.* » Les cabinets
de Pétersbourg et de Paris offraient d'ailleurs leurs bons
offices pour obtenir l'assentiment des autres états à cette
proposition plus large ; la Russie venait même d'y adhérer
formellement (28 novembre 1856). Les États-Unis la communiquèrent donc aux puissances maritimes, en février 1857,
sous la forme d'un projet de règlement international. Mais
tandis que la Prusse, la Sardaigne et les Pays-Bas, sans
parler de la Russie et de la France, manifestaient les dispositions les plus favorables, l'Angleterre temporisa, fit des
réserves et donna des réponses dilatoires. Le cabinet de
Washington se lassa vite et, pendant quatre ans, la question parut assoupie.

Le réveil fut pénible. Les États du Sud se révoltaient, le
président J. Davis invitait, par sa proclamation du
17 avril 1861, ceux qui voudraient armer en course à demander des lettres de marque, et le congrès des séparatistes promettait tout d'abord aux équipages des corsaires
pour chaque prisonnier une prime de 125 francs, pour cha-

que navire appartenant aux fédéraux qui serait détruit dans un combat naval autant de fois 100 francs que ce navire aurait d'hommes à bord. Les « sudistes », mettant à profit les derniers progrès des constructions navales, allaient lancer de nouveaux bâtiments corsaires, plus légers et non moins redoutables que les vaisseaux de guerre, capables de défier les plus forts croiseurs en même temps que d'atteindre et de foudroyer, sur les mers les plus lointaines, tous les navires de commerce. Le cabinet de Washington s'efforça de conjurer le péril et, cessant de subordonner à la reconnaissance d'un principe plus large son adhésion à la suppression de la course, offrit, le 24 avril 1861, d'adhérer à la déclaration de Paris. Mais le président Lincoln entendait que la nouvelle convention fût obligatoire pour le Sud comme pour le Nord (dépêche du 20 août 1861); les corsaires du Sud eussent été par là même réduits au rôle de pirates et les vaisseaux de toutes les puissances maritimes auraient pu leur courir sus. Lord Russell répondit (28 août) : « L'Angleterre, ayant déjà reconnu aux confédérés du Sud le caractère de belligérants, leur a implicitement reconnu le droit d'armer en course. » Les négociations furent donc rompues.

Le monde civilisé comprit alors, pendant les quatre ans que dura la guerre de sécession, la portée des principes qu'avait naguère répudiés l'Union américaine. C'est une terrible histoire que celle de ces derniers corsaires : le *Sumter*, le *Florida*, le *Shenandoah*, l'*Hercule*, le *Jefferson Davis*, l'*Ajax*, le *Pampero*, l'*Alexandra* (1), etc. Non seu-

---

(1) Mettant à profit les observations qui nous ont été faites et que nous avons accueillies avec reconnaissance, nous effaçons l'*Alabama* de cette liste. En effet l'*Alabama* était essentiellement un vaisseau de guerre ; il avait des officiers régulièrement commissionnés, un équipage enrôlé au service du Sud ; Semmes, qui le commandait, était un ancien officier fédéral, capitaine de vaisseau dans la marine régulière du Sud,

lement les pertes directes du commerce américain furent énormes, puisque le cinquantième de l'immense flotte marchande des États-Unis fut pris ou détruit, mais le chiffre des pertes indirectes (1) est incalculable, les armateurs fédéraux ayant été contraints de vendre ou de transférer à des étrangers plus d'un sixième (2) de cette flotte pour accomplir leurs transports à l'abri d'un pavillon neutre. Le président Davis avait essayé d'imposer quelques règles à ces écumeurs de mer. Ils se jouèrent de ces prescriptions. Tandis que tout corsaire est astreint par le droit des gens à combattre, s'il ne veut être traité comme pirate, sous ses couleurs nationales, ils arborèrent maintes fois de faux pavillons peur surprendre les navires fédéraux. Quoique des tribunaux réguliers soient exclusivement appelés par toutes les puissances maritimes à statuer sur la validité des prises, on vit des capitaines, comme ceux du *Sumter*, du *Florida* ne plus connaître d'autre code que leur caprice, c'est-à-dire arrêter, visiter, saisir, confisquer à leur gré,

muni d'instructions du ministre de la marine. L'*Alabama* était armé en guerre et non en course. Mais les États-Unis le regardaient, à juste titre, comme illégalement équipé, parce qu'il n'avait jamais touché un port du belligérant ; que construit, équipé en Angleterre, armé avec un matériel anglais, il avait assumé ailleurs que dans les eaux du belligérant sa nouvelle nationalité et sa qualité militaire, et ce vice d'origine, aux yeux des fédéraux, entacha d'illégalité, au point de vue international, toutes ses opérations. V. dans l'*histoire de la guerre civile en Amérique*, par M. le comte de Paris, entre autres passages, le tome II, p. 197 et surtout le tome IV, p. 519 et suiv. Rien de plus précis et de plus décisif. — Donc, à proprement parler, les jurisconsultes qui invoquent, pour justifier la suppression de la course, les exploits des corsaires sudistes, n'ont pas à s'occuper de l'*Alabama*.

(1) Frais faits pour organiser la poursuite des corsaires sudistes, dépenses générales causées par la prolongation de la lutte, élévation démesurée du prix des assurances, etc.

(2) Représentant 800,300 tonnes.

sans appel, des navires de commerce, hostiles ou neutres, sur toute l'étendue des mers. Semnes, qui commanda le *Sumter*, avant l'*Alabama*, déposait les équipages, entièrement dépouillés, dans n'importe quel port, et gardait, comme des trophées, leurs chronomètres, dont il faisait collection. Les marins apercevaient parfois sur l'Océan des lueurs étranges : c'étaient le *Georgia*, le *Jefferson Davis*, le *Sumter*, le *Shenandoah*, qui, pour simplifier encore la procédure, brûlaient leurs prises en pleine mer. Waddell, commandant du *Shenandoah*, osa brûler quinze bâtiments après avoir appris la fin de la guerre (1) !

Il ne faut pas s'étonner si, après ce défi retentissant à l'œuvre du congrès de Paris, les auteurs du questionnaire dressé pour l'institut de droit international dans les travaux préliminaires à la session de La Haye (1875) ont posé la question suivante : « La déclaration de 1856, combinée « avec les actes et les traités antérieurs, a-t-elle eu pour « effet de faire entrer dans le domaine du droit des gens « positif l'abolition de la course ? » A vrai dire, la question est complexe, et la réponse ne saurait être ni simplement affirmative ni, moins encore, purement négative.

Les adversaires les plus déterminés de la déclaration reconnaissent d'abord que le refus de l'Espagne, des États-Unis et du Mexique n'a pas délié les quarante-et-une autres puissances de leur engagement. Hautefeuille, par exemple, est obligé de convenir que « la course maritime est abolie, « au moins pour toutes les puissances qui furent représen- « tées au congrès de Paris. » On a prétendu, il est vrai (2), dans quelques-unes des discussions suscitées périodiquement, ou peu s'en faut, depuis trente ans, au Parlement anglais par la déclaration de 1856, et notamment le 3 mars

---

(1) V. l'*histoire de la guerre civile en Amérique*, par M. le comte de Paris, t. II, p. 200, 202 ; t. IV, p. 521, 525, etc.

(2) V. notre *traité de droit commercial maritime*, t. I, n° 21.

1877 que, l'universalité des puissances n'y ayant pas adhéré, chacune d'elles avait gardé sa liberté d'action à l'égard des autres et pouvait, à son heure, à sa guise, se départir d'un pacte imparfait. Mais cette thèse hardie n'a jamais rallié la majorité des suffrages soit dans l'une, soit dans l'autre chambre. Disraeli, dans l'opposition, a qualifié, en 1862, l'accession de la Grande-Bretagne à l'œuvre du congrès de suicide politique et proclamé emphatiquement le 21 avril 1871 que le dénonciation de ce traité jetterait « un rayon « de lumière sur un des points les plus sombres de l'histoire « britannique, » mais Disraeli, ministre, n'a pas une fois tendu la main aux partisans de la dénonciation (1). Enfin l'éminent jurisconsulte sir W. Vernon Harcourt, quoique chaleureux défenseur des anciennes coutumes, a confessé très humblement, comme Hautefeuille, qu'il lui paraissait juridiquement impossible de dégager sa patrie du contrat auquel on l'avait rivée.

C'est par application de ces principes qu'aucune lettre de marque ne fut délivrée en 1859 durant la campagne d'Italie par les trois puissances belligérantes (2).

Pendant la guerre de sécession, ceux des confédérés qui voulurent armer en course furent réduits à n'armer que sous leur propre pavillon, aucun des états signataires de la de la déclaration ne croyant pouvoir désormais, selon la remarque de Calvo (3), tolérer dans ses ports l'usage des

---

(1) Lords Salisbury et Carnarvon paraissaient également tout prêts à dénoncer ce pacte international, mais seulement, ainsi que l'a remarqué Westlake (Rev. de dr. int., t. VII, p. 256), lorsqu'ils étaient dans l'opposition.

(2) V. notamment, à ce point de vue spécial, l'ordonnance autrichienne du 13 mai 1859.

(3) II § 943. L'ancien droit commun de la neutralité fortifiait d'ailleurs, en cette circonstance, le droit moderne issu des délibérations du congrès de Paris. Toutefois le secrétaire d'Etat Marcy s'était ainsi

lettres de marque que le président Davis voulait y expédier.

Le 21 juillet 1870, le gouvernement néerlandais fit insérer dans le journal officiel de la Hollande une déclaration d'après laquelle « aucun navire de guerre ni corsaire « appartenant à une des parties belligérantes, *accompagné* « *de prises*, ne pourrait entrer dans les ports du royaume, « à l'exception du cas de relâche forcée, tel que accident « de mer ou manque de vivres, » et « les corsaires *même* « *non accompagnés de prises* » y étaient admis dans cette seule hypothèse, avec injonction de « s'éloigner sans retard dès que les motifs de la relâche auraient cessé d'exister » et défense de « prendre plus de vivres que la nécessité « immédiate ne l'exigeait ou du charbon pour plus de vingt « quatre heures, » tandis que les navires de guerre devaient y pouvoir « séjourner, en se soumettant aux dis- « positions prescrites par le droit des gens pour les ports « neutres » (1).

D'autre part, on lit dans les instructions adressées par notre gouvernement aux commandants de la flotte française le 25 juillet 1870 : « Tous les états de la confédération de « l'Allemagne du Nord, ayant adhéré à la déclaration du « 16 avril 1856, ont renoncé, pour leurs sujets, à l'exercice « de la course. En conséquence tout corsaire rencontré

---

exprimé dans sa dépêche du 28 juillet 1856 : « Il sera bon que les « Etats-Unis aient une notion du traitement auquel peuvent s'attendre « leurs corsaires, s'ils visitaient par hasard les ports des puissances qui « sont ou deviendraient signataires de la déclaration du congrès de Paris. « Les Etats-Unis réclament pour eux, en vertu du droit et de l'amitié, « la même considération qui leur est due et qui leur fut accordée « d'après le droit des nations, avant que ce congrès essayât de le « modifier. »

(1) « Et pourraient s'y pourvoir de vivres et de la quantité de char- « bon nécessaire pour se rendre au port le plus voisin du pays auquel « ils appartenaient ».

« sous pavillon de cette confédération devra être saisi et
« traité comme pirate (1). » Bien entendu, la France ne
retenait pas à son profit le droit qu'elle déniait à l'Allemagne (2). De son côté la Prusse, loin de répudier la déclaration de 1856, reconnaissait expressément (3) l'illégitimité de la course et en tirait argument pour amener
le gouvernement de la défense nationale à proclamer avec
elle l'inviolabilité de la propriété privée sur mer. Enfin,
au début de la dernière guerre engagée par la Russie contre
l'empire ottoman, le journal de St-Pétersbourg du 14/26
mai 1877 contint la déclaration suivante : « Conformément
« à la déclaration de 1856, la course est considérée comme
« abolie et la délivrance de lettres de marque est inter-
« dite. » La même année, l'Italie adaptait définitivement à
son droit public interne le premier article de cette déclaration en l'inscrivant pour la seconde fois dans son code de
la marine marchande (4).

Il ne semble pas, d'ailleurs, que les puissances dissidentes
elles-mêmes, après avoir contesté le nouveau principe,
aient laissé passer une seule occasion d'en reconnaître
l'utilité (5).

---

(1) Art. 12.

(2) V. entre autres textes l'article 13 des instructions complémentaires, ainsi conçu : « *Pavillon des prises* ». Les prises naviguent avec le pavillon et la flamme, *insignes des bâtiments de l'Etat*.

(3) V. la note diplomatique prussienne du 16 novembre 1870.

(4) Promulgué le 24 octobre 1877. Art. 207. *Nessuna nave mercantile potrà correre sul nemico, far prede, visitare navi od esercitare atti di guerra, se non nei casi indicati dagli articoli seguenti*. Art. 208 § 1. *L'armamento in corso è abolito*. La loi de 1877 ne faisait que confirmer, en ce point, le code de 1865.

(5) V. les décrets espagnols du 17 juin 1861 et du 26 juillet 1870. Nous nous bornons à mentionner ces décrets, parce que leur examen se rattache plutôt à l'étude du droit commun de la neutralité. Même réflexion pour les traités conclus par les États-Unis le 3 mai 1858 avec la

Même en 1861, quand Jefferson Davis eut lancé ses corsaires sur la marine marchande des Etats-Unis et que le congrès de Washington eut à son tour autorisé la délivrance des lettres de marque, le président Lincoln se contenta de faire informer lord Russell qu'il allait être contraint de recourir au même système; mais, au demeurant, il n'usa pas des pouvoirs qui lui avaient été conférés. Ce fut un panégyrique involontaire, mais d'autant plus précieux, de la première résolution votée par le congrès de Paris.

Toutefois il est clair que les puissances dissidentes ont entendu garder leur liberté d'action, et l'ont gardée. La déclaration de 1856 ne les lie pas.

Mais les quarante-un signataires sont-ils liés envers les dissidents? On l'a soutenu. Lorsque M. Bulmerincq, professeur à l'Université de Heidelberg, soumit à l'institut de droit international, dans sa session de Turin (1882), un projet de règlement international des prises maritimes, il proposa (article 3 du projet) d'autoriser l'armement en course contre les puissances qui permettent la course : « Je « conseille à l'institut, » dit à ce propos sir Travers « Twiss (1), de ne pas ressusciter la course, même dans ce « cas exceptionnel. Selon ma manière d'interpréter la dé- « claration de Paris, les signataires ont déclaré leur réso- « lution de n'autoriser *en aucun cas*, à l'avenir, l'arme- « ment en course... Je propose donc de rayer l'article 3. » Mais cette bizarre interprétation fut repoussée par l'institut de droit international, et devait être. « La course « est interdite », dit l'article 2 du projet définitif. « L'ar- « mement en course, ajoute l'article 3, demeure permis à « titre de rétorsion contre les belligérants qui ne respectent

---

Bolivie, le 27 août 1860 avec le Venezuela, le 8 février 1867 avec la république dominicaine.

(1) *Annuaire de l'institut de droit international* (1882-1883), p. 131.

« pas le principe de l'article 2. » Non seulement contre ceux-là, pensons-nous, mais encore contre ceux qui, n'ayant pas adhéré à la déclaration de Paris, se réservent le droit de lancer brusquement, au moment opportun, leurs corsaires contre la marine marchande d'un belligérant. Imagine-t-on, par exemple, la France engagée dans une guerre avec la Chine, qui n'a pas reconnu la déclaration de Paris (1), et forcée, soit dans le système de sir Travers Twiss, de supporter les déprédations des navires armés en course sans pouvoir répondre à ce moyen d'attaque par un semblable moyen de défense, soit, d'après l'institut de droit international, d'attendre, pour commencer à se résoudre, que ses vaisseaux de commerce aient été déjà pillés (2)? C'est par de telles naïvetés que les réformateurs discréditent leurs projets de réforme. Le code italien de 1877 n'est pas tombé, ce me semble, dans cet excès de courtoisie internationale. « L'armement en course
« est aboli, dit-il (art. 208). Toutefois, quels que soient les
« engagements pris par l'Italie dans la convention de Paris
« du 16 avril 1856, l'armement en course contre les puis-
« sances qui n'auraient pas adhéré à cette convention ou
« qui s'en seraient départies pourra être autorisé à titre de
« représailles pour les prises qui seraient faites au détri-
« ment de la marine marchande nationale. Dans ce cas, les

(1) V. à ce sujet dans la *Revue de droit intern.*, t. IX, p. 398 un intéressant article de M. Krauel, consul d'Allemagne à Shang-haï.

(2) Nous ne parlons ici, bien entendu, que des corsaires et non des *pirates* chinois. On sait que la piraterie chinoise est organisée sur une grande échelle et que l'Allemagne, même après le traité du 2 septembre 1861, conclu entre les états du Zollverein et la Chine, a dû envoyer, le 20 août 1877, des instructions militaires détaillées aux commandants de ses bâtiments de guerre concernant la répression de la piraterie dans les eaux chinoises (V. le manuel de droit marit. internat. de Perels, p. 353.) Les pirates chinois, comme tous les autres, sont purement et simplement hors du droit des gens.

« conditions de la délivrance des lettres de marque et de
« l'exercice de la course seront déterminées par un décret
« royal. A cet effet, si la puissance ennemie n'a pas renoncé
« préalablement *(previamente)* au droit d'armer en course,
« les armateurs des navires nationaux pourront, en présen-
« tant requête à l'autorité maritime, obtenir l'autorisation
« d'embarquer un supplément d'armes, de munitions et de
« bagages, » c'est-à-dire, pour parler net et sans péri-
phrase, d'armer en course. Il est évident, à nos yeux, que
le droit public interne italien permet, dans ce cas, l'armement en course, même avant qu'il ait été donné lieu à des
actes de rétorsion.

Telle est encore, à notre avis, nous nous sommes efforcé
de l'établir en commentant l'article 217 de notre code de
commerce, la règle du droit public français. Enfin les
débats du parlement anglais (v. le discours du sous-secré-
taire d'État Bourke dans la séance du 8 mars 1877) prouvent
qu'on n'y entend pas autrement la déclaration de Paris (1).

La course est donc abolie dans les rapports réciproques
des puissances signataires, non dans leurs rapports avec
les puissances dissidentes.

Mais les nations civilisées, en supprimant la course, n'a-
vaient-elles pas implicitement renoncé par là même au
droit de faire prisonniers de guerre les équipages des navires marchands? C'est une des deux grandes difficultés qu'a
suscitées en 1870 l'interprétation du principe promulgué
par le congrès de Paris. M. de Bismark contesta, dans une

---

(1) Il est d'ailleurs évident que la déclaration de Paris n'a pas entendu prohiber l'exercice du droit de prise par des particuliers dans
quelques cas exceptionnels où il dérive, pour ainsi dire, de la nature des
choses, soit, par exemple, la prise par un navire de commerce qui se
défend, par des prisonniers qui s'évadent, etc. (V. de Boeck, *de la propriété privée ennemie sous pavillon ennemi*, p. 244 et suiv.) L'examen de
ces particularités ne rentre pas dans notre cadre.

note du 4 octobre 1870, ce droit à la France, quoique la Prusse l'eût revendiqué dans son règlement de 1864 (art. 18). Le gouvernement français invoqua, dans sa réponse (28 octobre), les traditions admises depuis plus de cinq siècles et fit observer avant tout que, les équipages des navires marchands, pouvant être requis à tout moment pour un service de guerre, tombaient directement sous le coup des forces navales ennemies; il s'en tenait d'ailleurs aux conventions de 1856 en faisant observer que, depuis cette époque, aucun autre accord n'avait été conclu entre les puissances maritimes pour tempérer les maux de la guerre. M. de Bismark répliqua par une dépêche datée de Versailles, le 16 novembre 1870, que le principal argument du gouvernement français était sans portée, une fois que l'armement des corsaires ne pouvait plus être considéré comme un moyen de guerre légitime; à ses yeux, la marine marchande de tous les pays qui avaient adhéré à la déclaration de 1856 n'était plus qu'un instrument de rapports pacifiques. La France oubliait-elle, d'ailleurs, le principe de son propre gouvernement, d'après lequel le peuple français tout entier était appelé aux armes ? « J'aurais donc ainsi, poursuivait le chancelier, « de plus fortes raisons de considérer tout citoyen français « comme une partie, non pas seulement éventuelle, mais « encore présente et active des forces militaires et de traiter « en prisonniers de guerre la population mâle de la France, « autant qu'elle est en notre pouvoir; » il terminait en annonçant des représailles. Le gouvernement de la défense nationale soutint, au contraire, dans une dernière note diplomatique (4 décembre 1870): 1° qu'il était impossible d'assimiler les marins « dont la profession constitue en « quelque sorte une spécialité militaire » à de simples citoyens incapables d'entrer au service; 2° que le congrès de Paris n'avait pas voulu modifier sur ce point la coutume internationale.

Il ne l'avait pas, en effet, explicitement modifiée. Mais il faut bien reconnaître que l'interprétation prussienne de 1864, l'interprétation française de 1870 introduisent dans le droit international, en le prenant au point précis où l'a laissé la déclaration de 1856, une contradiction. Si tous les gens de mer, dans tous les pays, pouvaient être autrefois, à l'improviste, transformés en corsaires, il s'en faut que les marins du commerce soient partout, comme en France et en Allemagne, appelés éventuellement à servir sur les bâtiments de l'État (1). Dès qu'ils ne doivent plus être employés par un belligérant contre un belligérant, pourquoi les capturer ? Si la guerre est faite aux individus, elle peut l'être par des individus, et l'abolition de la course est un contre-sens. Il faudrait donc au moins distinguer entre les différentes nations, suivant qu'elles appellent ou n'appellent pas éventuellement au service militaire les équipages des navires marchands. Mais suffit-il même qu'ils y soient « éventuellement » appelés ? Voici, par exemple, de braves gens qui gagnent tranquillement sur de petits caboteurs, le long de nos côtes, leur pain et celui de leurs enfants. L'État ne les réclame pas encore et n'est pas même sur le point de les réclamer. Quoi ! ces marins seront de bonne prise ! On va les arracher à leur humble labeur et à leur pauvre famille, peut-être pour les envoyer au loin dans quelque forteresse, comme des soldats pris les armes à la main ! Les gens de mer, au moment où ils se livrent exclusivement au commerce sans qu'aucun appel leur ait été fait, ne sont-ils pas au nombre de ces « citoyens inoffensifs » auxquels, d'après le droit des gens moderne, les belligérants eux-mêmes accordent leur « protection (2) ? » C'est « un droit cruel, » a dit un jurisconsulte français (3) : ce n'est pas même un

---

(1) Cf. Barboux, *Jurispr. du conseil des prises*, p. 34.
(2) *Instructions américaines*, art. 25.
(3) M. Barboux, *loc. cit.*

droit, ajoutons-nous, à moins que la capture ne soit justifiée par une nécessité de guerre « actuelle et constatée, » c'est-à-dire à moins que la transformation des marins tombés aux mains d'un belligérant ne soit accomplie ou, d'après un *acte* de l'autre belligérant (par exemple, à la suite d'un ordre de mobilisation) (1), sur le point d'être accomplie (2).

Cependant, le 24 juillet 1870, une ordonnance royale prussienne avait organisé une marine volontaire ou auxiliaire *(freiwillige seewehr)* : on conviait les particuliers à mettre aux mains du gouvernement, pour attaquer la marine *militaire* ennemie, les navires en état de faire la guerre; tout l'équipage de ces navires, y compris le capitaine et les autres officiers, devait être enrôlé par les armateurs (3). Ne rétablissait-on pas la course par un moyen détourné ? Une note du marquis de la Valette au comte Granville, du 20 août 1870, appela sur ce point l'attention du gouvernement anglais. Giraud avait prédit en 1860 que « les nouveaux traités seraient violés dès qu'il y aurait une « guerre générale : » les avocats de la couronne d'Angleterre, consultés par le ministère, ne pensèrent pas que cette prédiction fût justifiée et le comte Granville, se conformant à leur avis, répondit que la Prusse ne lui paraissait pas

---

(1) V. dans le *Monit. univ.* du 14 oct. 1883 un article intitulé : *La mobilisation de la flotte allemande.*

(2) M. Barboux (*ib.*) fait observer que, « dans une grande guerre « comme celle de 1870, la France n'a pas fait sur mer plus de 250 pri- « sonniers. » Ainsi, poursuit-il, l'exercice de ce droit inflige à des citoyens paisibles de cruelles souffrances morales ; il irrite l'ennemi sans produire chez lui un affaiblissement véritable : l'humanité le condamne et les nécessités de la politique ne le défendent pas.

(3) « Le propriétaire du navire... aura à enrôler immédiatement « l'équipage volontaire nécessaire. Les officiers et marins ainsi enrôlés « entreront pour la durée de la guerre dans la marine de la Confédé- « ration » (ord. 24 juillet 1870, art. 1).

avoir enfreint la convention de 1856. Le gouvernement français, à vrai dire, ne fut pas convaincu ; ayant déjà publiquement annoncé qu'il traiterait les corsaires allemands comme des pirates, il se réserva le droit de traiter, s'il y avait lieu, ces nouveaux bâtiments comme des corsaires (1). Qui se trompait ? Calvo nous a donné raison ; Bluntschli et M. de Boeck, dans son récent traité de la propriété privée ennemie sous pavillon ennemi, nous ont donné tort : la querelle est, ce semble, loin d'être vidée.

Le comte Granville ne pouvait guère, à notre avis, envisager, le 24 août 1870, la création de cette marine volontaire comme un rétablissement déguisé de la course. Une première ordonnance prussienne (18 juillet 1870) avait déclaré que les navires de commerce français ne seraient sujets ni à saisie ni à capture (2). Le roi Guillaume s'était donc interdit, au début de la guerre, d'armer sa marine auxiliaire contre nos navires marchands, tandis que les puissances maritimes, d'après l'ancienne coutume internationale, délivraient précisément des lettres de marque pour courir sus aux navires marchands de l'ennemi (3). Mais l'ordonnance prussienne du 18 juillet 1870 fut rapportée le 19 janvier 1871 et, jusqu'à la conclusion de la paix, l'Allemagne aurait pu lancer les nouveaux bâtiments de sa marine auxiliaire, s'ils avaient existé autrement que sur le papier, contre nos bâtiments de commerce.

Pouvait-elle le faire ? Pourra-t-elle et d'autres puissances pourront-elles agir de même à l'avenir ? Question grave et complexe, d'autant plus intéressante que la plupart des grandes nations maritimes paraissent tenir, depuis quelques

---

(1) On n'a pas appris que la Prusse fût parvenue à mettre en mer un seul bâtiment de cette espèce. Cf. Calvo, 2ᵉ éd. § 944.

(2) Excepté, bien entendu, ceux qui seraient soumis à la capture s'ils étaient neutres.

(3) V. Bluntschli, *Le droit international codifié*, r. 670.

années, à ne pas se laisser, à ce point de vue, devancer ni surprendre.

D'après une communication faite le 5 mars 1880 au *Royal united service Institution* par l'armateur anglais Donald Currie, la Russie chercherait actuellement, malgré l'abolition de la course, à lever, au moyen de souscriptions, une sorte de « flotte volontaire. »

Mais l'amirauté anglaise avait déjà, depuis plusieurs années, averti les armateurs des conditions auxquelles elle subordonnait l'achat des *steamers* par l'Etat et leur transformation en vaisseaux de guerre. C'est ainsi qu'elle avait acheté dès 1878 le *steamer British Empire*, susceptible d'être employé comme croiseur, en lui donnant le nouveau nom d'*Hecla*. L'*Hecla*, navire géant, capable de lancer des torpilles et d'embarquer huit canons à longue portée, fut dès lors regardé comme le pionnier d'une flotte de *steamers* de commerce transformés en croiseurs ou en transports, et destinés à grossir, en cas de guerre, les forces navales de l'Angleterre. En effet, deux ans plus tard, sir Astley Cooper Key déclarait publiquement, au nom de l'amirauté, que tout était prêt dans les arsenaux pour armer immédiatement en guerre, à la première occasion, de trente à quarante navires à vapeur du commerce.

L'Allemagne, qui cherche avec tant d'ardeur à développer sa puissance maritime, n'a pas seulement, par sa loi du 13 juin 1873, obligé les possesseurs de navires à se mettre à la disposition de l'administration militaire, sur réquisition, pour les besoins de la guerre. Elle prend, depuis deux ans, des mesures pour transformer en croiseurs les vapeurs transatlantiques naviguant sous son pavillon (1).

(1) Et ces navires sont déjà, sur l'ordre de l'amirauté allemande, munis de canons revolvers, afin de protéger, le cas échéant, la flotte contre l'approche des canonnières ennemies (*Journal des Débats* du 28 novembre 1881).

Le congrès des Etats-Unis a, par une loi votée dans sa session de 1872, donné des primes aux bâtiments construits sur un type spécial, c'est-à-dire pouvant être transformés à raison de leur dimension et de leur forme en navires de combat.

Enfin la France ne se borne pas à exercer un droit de réquisition sur tous les navires de commerce en cas de guerre (1); elle accorde, par sa loi du 29 janvier 1881, une surprime à la navigation de 15 0/0 aux vapeurs construits sur des plans préalablement approuvés par le département de la marine (2).

Nous croyons d'abord que la déclaration de Paris n'empêche aucune puissance maritime de mettre en réquisition, pour remédier à l'insuffisance de sa flotte militaire, une partie de sa flotte marchande. Chacun est maître chez soi. Quand une nation croit pouvoir utiliser pour la guerre quelques-uns de ses navires de commerce, il ne s'agit plus que de savoir comment elle s'en procurera la possession (3) ou la propriété, et cela ne regarde qu'elle-même. C'est une question de droit interne, non de droit international.

Mais le congrès de 1856, en supprimant la course, a-t-il entendu contraindre cette nation à renoncer au service volontaire de ses citoyens sur les navires mis en réquisition ? Pourquoi ? Est-ce que, dans la guerre continentale, on peut empêcher un État de former des volontaires et de les incorporer dans son armée ? C'est en invoquant cet exemple que

---

(1) Art. 9 de la loi du 29 janvier 1881. Cf. les cahiers des charges pour l'exploitation des services maritimes postaux et, par exemple, entre autres documents, l'article 35 § 3 du cahier des charges pour l'exploitation du service postal de Calais à Douvres et de Douvres à Calais.

(2) V. pour de plus amples détails notre *Traité de droit commercial maritime*, t. III, n° 900.

(3) Il n'est pas nécessaire, pour qu'ils soient réputés appartenir à la marine militaire auxiliaire, que cette nation, comme paraît l'enseigner Calvo, s'en procure la propriété.

Dupin aîné s'était fait, dans le débat académique de 1860, le champion de la course : « les corsaires, avait-il dit, sont « les corps francs maritimes. » L'assimilation n'était pas exacte, ainsi que Michel Chevalier le démontra facilement dans sa brillante réplique. Les corsaires n'entrent pas, même à titre auxiliaire, dans l'armée régulière ; une fois les lettres de marque délivrées, ils ne dépendent que d'eux-mêmes et font pour leur compte une véritable guerre privée ; la discipline de l'armée navale n'est pas la leur, et chacun de leurs capitaines est *maître de son navire après Dieu ;* enfin le souverain, quel qu'il soit, n'est plus libre, en fait, d'appliquer à sa guise ce principe ancien et nécessaire du droit international, d'après lequel les choses capturées à la guerre appartiennent à l'État, non au capteur (1). On peut très bien concevoir, au contraire, qu'une partie de la flotte marchande soit, comme on dit, versée dans la flotte militaire : ainsi ces volontaires recevraient de la nation qui les emploie un brevet, l'uniforme national et par dessus tout des chefs empruntés à l'armée (2) ; la composition de leurs équipages serait contrôlée par le gouvernement ; iis seraient soumis à la même discipline, aux mêmes règlements que la marine militaire et ne jouiraient, quant à l'attribution des prises, d'aucun privilège. A notre avis, constituer ainsi la marine auxiliaire, ce n'est pas, même indirectement, rétablir la course.

Toutefois, s'il est aisé de poser la règle, il l'est beaucoup moins de l'appliquer, et la ligne de démarcation est facile à franchir. Par exemple, et pour en finir avec l'incident

---

(1) *Bello parta cedunt reipublicæ*, disait Bynkershoek au commencement du XVIIIe siècle.

(2) Il a été jugé et bien jugé dans l'affaire des Etats-Unis c. la Cie des balles de coton (1 Wolworth's U. S. Circ. Ct. Rep., 236, 257), qu'un vaisseau, tant qu'il n'est pas commandé par des officiers du gouvernement, ne peut pas être réputé « vaisseau de guerre. »

de 1870, on ne saurait, sans une condescendance à laquelle rien ne nous dispose, méconnaitre que, à partir du moment où l'ordonnance prussienne du 18 juillet fut rapportée, c'est-à-dire où les navires de commerce français purent être capturés, la déclaration de 1856 ait été éludée. La Prusse donnait sans doute aux volontaires, non seulement un brevet, mais un uniforme; mais les équipages étaient entièrement formés, les officiers mêmes devaient être nommés par les armateurs; en outre, le gouvernement prussien attribuait au capteur une quotité proportionnelle, variant de 10,000 à 50,000 thalers, de la valeur des bâtiments et disait expressément (ord. du 24 juillet, art. 5) : « Ces primes seront payées aux propriétaires des navires, qui s'entendront avec l'équipage sur la répartition à faire. » Il est vrai que, selon la remarque de Bluntschli, les navires de la *seewehr* volontaire devaient être placés, d'une façon générale, sous les ordres de la marine militaire. Mais cette subordination vague suffisait-elle à transformer les opérations privées en opérations de guerre (1)? Suffit-il, pour substituer les soldats aux corsaires, de mettre une fausse étiquette aux navires et un faux nez aux gens de l'équipage (2)?

Donc on risquerait de s'égarer en cherchant à se régler

(1) « Pour que ces navires, dit Calvo, pussent être considérés comme « navires de guerre au point de vue du personnel, il eût fallu au moins « qu'ils fussent commandés par des officiers de la flotte fédérale, dûment « commissionnés par leur souverain. » Or l'ordonnance se bornait à dire (art. 3) : « Ils (ces vaisseaux) seront armés par la marine de la Confédération et installés pour leur service respectif. »

(2) Encore une fois, toute cette discussion n'a qu'un intérêt théorique, puisque, après comme avant le 19 janvier 1871, la *seewehr* volontaire n'a pas donné signe de vie. C'est en nous plaçant sur le terrain des faits à la date même du 24 juillet 1870 et abstraction faite de la situation nouvelle créée pour quelques jours par l'ordonnance prussienne du 19 janvier 1871 que nous avons raisonné dans notre *Traité de droit commercial maritime*, I, n° 21.

sur l'exemple donné dans la guerre franco-allemande. Mais on peut, en thèse, et sans heurter la déclaration de Paris, compléter ou fortifier la marine militaire par une marine auxiliaire, pourvu qu'on l'y incorpore loyalement, c'est-à-dire qu'on l'organise elle-même d'une façon purement militaire et qu'on évite absolument de la transformer en instrument de guerre privée. M. Ch. de Boeck est allé jusqu'à voir (1) « la solution de l'avenir » dans l'institution de cette marine, combinée avec l'abolition même du droit de saisir et de capturer la propriété privée sur mer (2).

Le congrès de Paris s'était prononcé contre cette dernière transformation du droit public maritime en repoussant les propositions des États-Unis. En supprimant la course, il avait interdit aux corsaires seuls et, par conséquent, laissé aux vaisseaux de l'État le droit de courir sus, en temps de guerre, aux navires marchands de l'ennemi. On peut se demander néanmoins si, comme l'avaient cru, il y a près de trente ans, la Russie et la France, la réforme de 1856 n'est pas, en bonne logique, la préface de l'autre. Il s'est opéré précisément, depuis cette époque, un grand mouvement dans les esprits ; Cobden, dès le 8 novembre 1856, avait donné le signal ; à sa suite les publicistes ont, en plus grand nombre et avec plus d'ardeur, plaidé l'inviolabilité de la propriété privée sur mer ; les chambres de commerce ont, dans presque toute l'Europe, secondé leurs efforts, et les puissances maritimes elles-mêmes se sont demandé si, quand elles avaient déjà tant gagné, dans l'ordre économique comme dans l'ordre moral, à l'abolition de la course, il n'y aurait pas un grand avantage à compléter cette œuvre de progrès et de paix publique. C'est ainsi que, dès la guerre de 1860, l'Angleterre elle-même, après s'être montrée

---

(1) *De la propriété privée ennemie,* etc., n° 135.
(2) Sauf, bien entendu, dans certains cas où la violation de la loi internationale entraîne confiscation.

quatre ans plus tôt si hostile à la demande des États-Unis, abandonna, d'accord avec la France, son droit de capturer les navires marchands de la Chine, même sans garantie de réciprocité ! Ce fut là, sans doute, un fait isolé dans les annales britanniques, et le gouvernement de la Reine a, depuis vingt ans, en plus d'une circonstance, assez dédaigneusement traité les nouveaux projets de réforme. Cependant le traité de Zurich (10 novembre 1859) décida, « pour atténuer les maux de la guerre et par une déroga-« tion exceptionnelle à la jurisprudence généralement con-« sacrée, » la restitution des bâtiments autrichiens capturés, mais qui n'étaient pas encore condamnés par notre conseil des prises. Une décision semblable fut prise par notre gouvernement, le 29 mars 1865, en faveur des navires mexicains. Le traité du 30 avril 1864 qui termina la guerre engagée par les puissances allemandes contre le Danemark était allé plus loin, annulant après coup tous les effets de la prise maritime et reconnaissant implicitement par là même l'inviolabilité de la propriété privée sur mer. En 1865, le nouveau Code italien de la marine marchande consacra le même principe (1). En 1866, l'Autriche, au début des hostilités, renonça spontanément, sous condition de réciprocité, au droit de capture, et son exemple fut immédiatement suivi par les deux autres belligérants. En 1872, les États-Unis et l'Italie s'astreignirent par un traité formel à respecter désormais sur mer comme sur terre, dans leurs guerres réciproques, la propriété privée. La déclaration du 16 avril 1856 avait préparé cet adoucissement des lois de la guerre ; s'il avait fallu abolir la course parce que le

---

(1) L'article 211 du code de 1877 est ainsi conçu : « La cattura e la
« preda di navi mercantili di nazione nemica per parte delle navi da
« quello Stato saranno abolite in via di receprocità verso quelle potenze,
« che adotteranno eguale trattamento a favore della marina mercantile
« nazionale... ».

droit de guerre appartient à l'État seul, non à l'individu, il y avait désormais une inconséquence à maintenir l'ancien droit de capture, parce que le droit de guerre doit être exercé non contre l'individu, mais contre l'État seul. Puisse un progrès s'enchaîner à l'autre ! S'il est difficile d'espérer que, dans un avenir très prochain, l'unanimité des puissances maritimes adhère solennellement à cette autre réforme, c'est déjà beaucoup qu'elles s'acheminent, par une longue série d'actes spéciaux, vers cet idéal plus parfait de justice et de civilisation.

CHAPITRE II

Après avoir aboli la course, le congrès de Paris déclara : II. Le pavillon neutre couvre la marchandise ennemie, à l'exception de la contrebande de guerre. III. La marchandise neutre, à l'exception de la contrebande de guerre, n'est pas saisissable sous pavillon ennemi.

A

Navire libre, cargaison libre. En principe, on avait pourtant, d'après la coutume internationale, le droit de capturer la marchandise ennemie. Mais il ne s'agissait pas seulement, cette fois, de régler les droits des belligérants ; il fallait faire respecter ceux des neutres. Or, en transportant la marchandise *inoffensive* d'un belligérant, ceux-ci ne méconnaissent pas les lois de la guerre, et pourtant on briserait leur contrat par la force ! On les punirait ! De quel crime ? Encore, pour constater ce crime chimérique, faut-il envahir une propriété privée, d'autant plus respectable qu'elle s'abrite sous le pavillon national (1). On commence par enfreindre le droit du neutre, et l'on a pas même prétendu qu'il eût enfreint le droit du belligérant !

Cependant on tâtonnait sur cette question depuis deux siècles et demi, et les publicistes se perdent, même aujourd'hui, dans le dédale des variations qu'offrit, durant cette longue période, le droit des gens conventionnel antérieur à la déclaration de 1856. La maxime prévaut pour la première fois dans un traité de l'an 1604 entre Henri IV et le sultan Achmet 1er, puis dans plus de cent cinquante conventions conclues sur toute la surface du globe par les diverses puissances maritimes, mais succombe de temps à autre, par exemple en 1661 (2), en 1716 (3), dans le traité anglo-américain de 1794, dans le traité anglo-portugais de 1842, etc. A vrai dire, quoiqu'elle eût été bien plus souvent appliquée que répudiée, l'Angleterre ne se souciait pas de la voir ériger en règle internationale et céda, dans cette circonstance, à l'ascendant du gouvernement français. On le vit bien au bout de six semaines, quand lord Colchester faillit obtenir de la chambre haute un vote de blâme contre cette partie de la déclaration (4), et mieux encore peut-être le 14 juillet 1857 à la chambre des communes où plusieurs hommes d'état soutinrent que la Grande-Bretagne pourrait être un jour relevée de son engagement par son propre parlement, comme si le pacte international de l'année précédente était un acte unilatéral et n'avait pas formé, entre les contractants, un tout indivisible.

(1). Notre cour de cassation est allée jusqu'à dire, en parlant de navires *de commerce* étrangers, « qu'une fiction légale les répute partie intégrante de la souveraineté dont ils portent le pavillon » (Req. 11 février 1862. D. 62. 1. 248).
(2). Traité anglo-suédois.
(3) Traité entre la France et les villes hanséatiques.
(4). Sa motion fut rejetée par 156 voix contre 102.

Toutefois sir Robert Phillimore a continué de prétendre non seulement que la seconde maxime adoptée par le congrès de Paris était une hérésie en droit international, une sorte d'utopie révolutionnaire inventée par Hubner en 1758 et préconisée, depuis cette époque, par d'aveugles imitateurs, mais encore qu'elle ne liait le gouvernement anglais dans ses rapports avec aucune puissance, toutes les fois qu'un traité formel ne l'aurait pas sanctionnée. Ce n'est là, selon nous, que l'expression irréfléchie d'un patriotisme étroit. Les hommes d'état les plus illustres de l'Angleterre, lords Palmerston et Clarendon, sir G. C. Lewis, le duc d'Argyle, lords Granville, Grey, Selborne, M. Glastone, M. Bright, lord Derby ont autrement envisagé la question. Disraeli lui-même, alors qu'il était le plus opposé à la déclaration de 1856, n'a jamais cessé de la regarder comme un acte synallagmatique dont l'Angleterre ne pouvait se dégager. Il y a moins de dix ans que la chambre des communes s'est manifestement prononcée dans le même sens en repoussant par 263 voix contre 38 la motion du député Cochrane (I).

D'un autre côté, Gessner a soutenu que l'Espagne, les Etats-Unis et le Mexique, quoique n'ayant pas adhéré au pacte de 1856, étaient tenus d'observer la règle « navire libre, cargaison libre, » parce qu'elle était établie en droit commun abstraction faite de la déclaration. C'est une autre exagération. Cette excellente règle, qui d'ailleurs ne dérivait pas *nécessairement* des principes généraux, tendait à prévaloir, mais n'avait pas définitivement prévalu dans le droit coutumier, puisqu'un certain nombre de traités s'en étaient formellement écartés au dix-huitième et au dix-neuvième siècles.

(1). V. sur cette attitude de l'Angleterre un débat fort intéressant qui s'est engagé en 1875 entre Gessner et le *barister at law* Westlake (Revue de droit intern., t. VII, p. 236 s., 256 s.)

C'est pourquoi les gouvernements anglais et français décidèrent en 1860, par des mesures expresses, que, « s'il devenait nécessaire d'ouvrir des hostilités contre la Chine, les immunités consacrées par la déclaration du congrès de Paris en faveur du pavillon et des marchandises neutres seraient respectées, pendant la durée des hostilités, à l'égard des puissances qui demeureraient neutres, *même de celles qui n'auraient pas encore accédé à cette déclaration* (1). » Les instructions françaises du 25 juillet 1870 contiennent une disposition du même genre (2). « Sauf la vérification relative au commerce illicite dont je vous ai indiqué le caractère, vous n'avez point à examiner la propriété du chargement des navires neutres, conformément à la déclaration du 16 avril 1856; le pavillon neutre couvre la marchandise ennemie, à l'exception de la contrebande de guerre... *Ce principe est applicable à l'Espagne et aux Etats-Unis, bien que ces puissances n'aient point adhéré à la déclaration du congrès de Paris.* » La Russie suivit cet exemple en 1877; après avoir rappelé que le pavillon neutre couvre la marchandise ennemie, elle déclara cette règle « applicable à toutes les puissances, *sans excepter* les Etats-Unis et l'Espagne qui, jusqu'alors, n'avaient pas adhéré à la déclaration de Paris. » C'était un langage aussi politique que libéral ; mais rien n'obligeait ces puissances à le tenir. Si l'une et l'autre ne s'étaient pas catégoriquement expliquées, les neutres *dissidents* n'auraient pu revendiquer, *pour les cargaisons ennemies dont ils auraient entrepris le transport*, le bénéfice d'une convention qu'ils n'avaient pas acceptée.

Ce n'est pas d'ailleurs, on l'a vu, sur ce deuxième point qu'avait éclaté la dissidence. Aussi les Etats-Unis ont-ils promis et stipulé sans difficulté, dans la plupart de leurs

---

(1). Texte de la décision impériale française (28 mars 1860).
(2). Art. 9.

traités postérieurs au congrès de Paris (1), l'application du principe *navires libres, marchandises libres*.

Les Etats-Unis insèrent aussi dans un certain nombre de leurs traités la clause suivante (2) : « Les stipulations par les-
« quelles on déclare que le pavillon neutre couvre la mar-
« chandise seront interprétées comme s'appliquant seule-
« ment aux puissances qui admettent ce principe ; mais si
« l'un des contractants est en guerre avec une nation tierce
« et que l'autre contractant reste neutre, le pavillon neutre
« ne couvrira que la propriété privée des ennemis dont les
« gouvernements auront reconnu ce principe. » Le gouvernement de Washington peut ainsi procéder, parce qu'il a conservé sa liberté d'action. Mais la France a, par exemple, nous le supposons, déclaré la guerre à la Chine, qui n'a point adhéré à la déclaration de 1856, et l'Angleterre est restée neutre. Le pavillon neutre de l'Angleterre pourrait-il couvrir les marchandises ennemies des Chinois ? Il semble d'abord étrange qu'un croiseur du Céleste-Empire puisse arrêter et saisir une cargaison française sous pavillon neutre tandis qu'une cargaison chinoise, à l'abri du pavillon neutre, échapperait au croiseur français : les Chinois, dira-t-on, se sont mis en dehors du droit commun ; peuvent-ils exiger qu'on le leur applique ? Mais la question n'est pas si simple, parce qu'il faut concilier le droit du neutre avec les droits et les obligations des belligérants : or, d'après la volonté même des puissances signataires, tout fléchit ici devant le droit du neutre. Si la marchandise ennemie ne peut plus être capturée, contrairement à la règle qui prévaut encore dans le droit des gens positif, c'est uniquement parce que le droit supérieur du neutre paralyse, en cette circonstance,

---

(1). Sir David Dudley Field cite les traités avec la Bolivie (13 mai 1858), le Venezuela (27 août 1860), la république dominicaine (8 février 1867).

(2). Katchenowky's Prize law, par Pratt, p. 117, note f.

le droit du belligérant. C'est pourquoi les instructions françaises du 25 juillet 1870 contiennent cette proposition si absolue : « *Vous n'avez point à examiner la propriété du chargement des navires neutres...* » Donc, si nous faisions la guerre aux Anglais, nous pourrions saisir leurs cargaisons sous le pavillon neutre de l'empire chinois (1) et, si nous faisions la guerre aux Chinois, nous ne devrions pas saisir leurs cargaisons sous le pavillon neutre de la Grande-Bretagne. Nous pourrions sans doute exercer, le cas échéant, des représailles contre la marine chinoise, mais avant tout les exercer de manière à ne pas léser le droit des puissances neutres qui ont adhéré à la déclaration de Paris.

Il est à peine utile d'ajouter que les signataires de la déclaration n'ont pas besoin de sanctionner, au moins dans leurs rapports respectifs, par des stipulations conventionnelles la maxime « navires libres, cargaison libre. » Cependant la France et le Pérou l'ont fait en 1861 ; mais, si l'on examine de près le texte du traité, on s'apercevra que, sans déroger à la résolution de 1856, il s'explique sur deux points qu'elle n'avait pas expressément prévus (2).

Enfin l'ordonnance autrichienne du 3 mars 1864 décida que la neutralité d'un navire est établie par les documents nécessaires à cette fin, d'après la loi de son pays d'origine. Cette règle est conforme aux données du sens commun et aux principes du droit ; elle devrait être généralisée.

---

(1). A moins d'une renonciation préalable à notre droit dans l'intérêt de la Chine, analogue à celle qui fut insérée dans nos instructions de 1870 en faveur de l'Espagne et des Etats-Unis.

(2). Aux termes de l'art. 20 § 2 du traité du 9 mars 1861, la propriété privée des membres d'une des deux nations contractantes, lorsqu'elle reste neutre, est exempte de confiscation *et de détention*, même à bord d'un navire ennemi, à moins qu'elle ne constitue de la contrebande *ou qu'elle n'appartienne à des personnes actuellement au service de l'ennemi ou qui se proposent d'y entrer.*

B

La marchandise neutre n'est pas saisissable sous pavillon ennemi ; c'est la troisième résolution du congrès. Ce ne fut là, dit Gessner, qu'une application du précepte ; « Tu ne voleras point. » Mais la question ne paraissait pas si simple à nos aïeux. On connaît le vieux dicton anglais : *Enemy's ships, enemy's goods*. Il semblait que le navire communiquât nécessairement son caractère à la marchandise. C'est ainsi que plusieurs traités conclus par les États-Unis de 1825 à 1832 (1) appliquèrent à la fois les deux règles *navires libres, marchandises libres et navires ennemis, marchandises ennemies*. L'erreur est manifeste. La cargaison neutre reste neutre sous quelque pavillon qu'elle voyage et, par conséquent, n'est saisissable sous aucun prétexte. D'une part le neutre, en se servant du navire ennemi pour le transport de sa marchandise inoffensive, agit dans la plénitude de son droit ; d'autre part la marchandise reste, en fait, distincte du bâtiment qui la transporte. C'est bien assez qu'on puisse, d'après une règle exorbitante, confisquer celui-ci, sans qu'on touche à celle-là. Toutefois les publicistes n'étaient pas d'accord et non seulement la jurisprudence internationale variait (2) d'état à état, mais encore il s'en fallait que chaque état eût « fixé » la sienne. Aussi le congrès de Paris rendit-il, en promulguant cette troisième règle, un service au monde civilisé.

Ce n'est pas l'adoption de ce nouveau principe qui motiva l'opposition du gouvernement espagnol. Toutefois l'Espagne avait admis, par son règlement de 1779, que la marchandise neutre est saisissable sous pavillon ennemi.

(1). Avec la Colombie, l'Amérique centrale, le Brésil, le Mexique et le Chili.
(2). Cf. Calvo, 2ᵉ éd., n. 1095.

Au contraire les tribunaux des États-Unis décidaient que, dans tous les cas où la question n'était pas expressément résolue par les traités, il y avait lieu d'appliquer le droit des gens général et que celui-ci n'autorisait pas la confiscation de la cargaison neutre trouvée à bord d'un bâtiment ennemi. La cour suprême des États-Unis le jugea même ainsi par interprétation du traité de 1795 entre l'Union et l'Espagne, alors qu'on lui demandait de valider la prise d'une cargaison espagnole saisie sous pavillon ennemi, et quoique la législation espagnole eût condamné en pareille conjoncture les marchandises de tous les neutres, y compris les Américains, « parce que, selon l'arrêt, le gouverne-
« ment américain n'avait pas manifesté sa volonté de
« rendre la pareille à l'Espagne. »

D'ailleurs les États-Unis, après avoir stipulé dans un grand nombre de leurs traités, de 1778 à 1832, l'application de la vieille règle *Enemy's ships, enemy's goods*, commencèrent à modifier cette partie de leur droit des gens conventionnel après la déclaration de Paris (1).

Mais les puissances signataires de la déclaration devraient-elles reconnaître désormais à la marchandise des dissidents, naviguant sous pavillon ennemi, l'immunité que les juges de Washington accordèrent si généreusement, après le traité de 1795 et malgré le règlement espagnol de 1779, à la marchandise espagnole? Oui sans doute, en thèse, parce que, d'après le droit des gens positif comme d'après le droit des gens naturel, le neutre, quand il observe les lois de la guerre, n'a pas de comptes à rendre aux belligérants et que, par conséquent, sa marchandise n'est pas de bonne prise. Le congrès de Paris, en votant sa troisième résolution, n'a pas introduit un nouveau principe, mais empêché qu'on ne déviât, à l'avenir, d'un principe incontestable. Ajoutons

---

(1). V. notamment les traités du 13 mai 1858 avec la Bolivie et du 8 février 1867 avec la république dominicaine.

qu'il serait extrêmement difficile d'atteindre la marchandise neutre par voie de représailles. Sait-on, en effet, comment se comportera la puissance neutre dissidente le jour où, par aventure, elle deviendrait belligérante ? Elle ne s'est pas liée par une adhésion à la déclaration de 1856, mais ne s'est pas interdit d'en appliquer les règles à un moment précis et pour une guerre déterminée. On recourt à des mesures de rétorsion après qu'une infraction au droit les a légitimées, mais non d'avance et en prévision d'évènements peut-être imaginaires.

Il n'y avait donc pas, comme à propos de la règle *Navires libres, marchandises libres*, conflit de droits et de principes. La France et la Russie ont sagement agi, l'une en 1870, l'autre en 1877, lorsque, après avoir rappelé l'insaisissabilité de la marchandise neutre sous pavillon ennemi, elles ont formellement déclaré cette règle applicable à l'Espagne et aux Etats-Unis : c'était un sûr moyen de couper court à toutes les difficultés. Mais ne l'eussent-elles pas fait, ces deux puissances auraient pu, selon nous, revendiquer l'immunité de leurs cargaisons inoffensives en se retranchant derrière les principes généraux du droit des gens.

L'Italie, en transportant la troisième résolution du congrès dans son propre droit public, n'a pas distingué entre les dissidents et les signataires : « *Toutes les fois*, dit le « code de la marine marchande (art. 214), qu'un navire « ennemi aura été capturé, si le chargement comprend des « marchandises neutres, elles devront être transportées au « lieu où la prise sera conduite et y resteront à la disposi- « tion de leur propriétaire.... »

Les jurisconsultes anglais avaient déterminé la nationalité de la marchandise par la nationalité du navire ; mais tandis que c'était là, d'après l'ancien droit anglais, une présomption supérieure à toutes les preuves, ce ne fut plus, depuis la déclaration de Paris, d'après la jurisprudence française, qu'une présomption simple à laquelle on peut opposer la preuve contraire. Ainsi la marchandise (affaire du *Wilberforce*) (1) est réputée *primâ facie* la propriété du chargeur et, s'il n'y a ni réclamation de sa part ni démonstration de neutralité (2), elle doit être traitée comme une provenance ennemie. D'ailleurs (affaire du *Paul Auguste*)(3) la destination apparente du navire allant de port neutre à port neutre ne suffit pas pour imprimer à la cargaison un caractère neutre; il faut encore que les intéressés justifient en due forme de leur droit sur la marchandise et de leur nationalité neutre. En droit, d'après le règlement français de 1778 (art. 2 et 11), la neutralité doit être établie par les pièces trouvées à bord; mais cette règle (affaire de l'*Eclips*) (4), n'a point un caractère absolu : pourvu que les pièces trouvées à bord constituent un commencement de preuve, des justifications complémentaires peuvent être fournies après la capture (5). Le mot « pièces » doit être

---

(1). C. des prises, 5 janvier 1871.
(2). Une ancienne jurisprudence danoise mettait déjà, dans les mêmes conditions, la preuve à la charge du défendeur. (V. Rev. de dr. intern., t. X. p. 214 et s.)
(3). C. des prises, 2 février 1871.
(4). C. des prises, 2 février 1871.
(5). Il est ainsi donné une satisfaction presque complète à la réclamation adressée par l'ambassade d'Autriche le 4 janvier 1871 (Cf. Barboux, *op. cit.*, p. 99). L'Autriche prétendait que la déclaration de 1856 avait virtuellement abrogé, quant au mode de preuve de la nationalité neutre, le règlement de 1778. Toutefois, après avoir énoncé que les pièces trouvées à bord doivent constituer au moins un commencement de preuve par écrit, le Conseil des prises ajoute (même affaire) : « qu'il
« importe d'autant plus de maintenir la stricte observation de cette
« règle que les droits des neutres ont été considérablement accrus par la
« déclaration du congrès de Paris de 1856, et que rien ne serait plus
« aisé que de paralyser d'une façon absolue l'exercice du droit des na-
« tions maritimes belligérantes, s'il était possible d'établir la neutralité

d'ailleurs entendu dans un sens très large; c'est ainsi que les lacunes des connaissements peuvent être comblées par des mentions contenues dans de simples lettres missives (affaire de la *Laura-Louise*) (1). Enfin, quand il s'agit d'apprécier la régularité des pièces trouvées à bord, ce n'est pas la loi française qu'il faut consulter, mais la loi du pays où l'acte a été passé (2). Nous répétons que cette dernière règle devrait être généralisée, ainsi que l'a proposé l'institut de droit international dans sa session de 1882 (3).

C

Mais, d'après le texte même de la déclaration, la contrebande de guerre est exceptée de l'immunité accordée soit à la marchandise ennemie sous pavillon neutre, soit à la marchandise neutre sous pavillon ennemi.

Nenmann (4) s'est plaint, dans une lettre à Bluntschli (1875) (5), du « vague dans lequel la déclaration *fugitive* et
« *superficielle* de 1856 avait laissé la notion de la contre-
« bande ».

En effet le questionnaire dressé pour l'institut de droit international dans les travaux préliminaires à la session de La Haye a pu donner à résoudre une série de problèmes encore indécis : 2. Que faut-il entendre par contrebande de guerre d'après le droit positif international existant ? Spé-

« des marchandises embarquées par des pièces différentes ou même
« contraires aux pièces mêmes trouvées à bord... »

(1). C. des prises, 7 janvier 1871.
(2) Arg^t C. des prises, 22 déc. 1870 (aff. du *Turner*); cf. Barboux, *op. cit.*, p. 75 et 124.
(3) V. l'annuaire de 1882-1883, p. 109 et 166.
(4) Professeur à l'Université de Vienne et membre de la chambre des seigneurs.
(5) Rev. de dr. intern., t. VII, p. 431.

cialement faut-il y comprendre autre chose que les armes, ustensiles et munitions de guerre ? 3. Serait-il possible et désirable d'établir par voie de traité une définition ou une énumération limitative des objets qui constituent la contrebande de guerre ? Quelle devrait être cette définition ou cette énumération ? *Quid* de la contrebande par accident ? 4. Dans quel cas le droit positif actuel permet-il de déclarer de bonne prise le navire qui transporte la contrebande de guerre ? 5. Le droit positif actuel oblige-t-il les états neutres à interdire ou à entraver par leur législation intérieure le commerce de la contrebande de guerre avec un des belligérants ? Mais si le congrès de Paris avait entrepris de répondre à tout, les représentants des puissances maritimes auraient cessé de s'entendre, et ni la seconde ni la troisième résolution n'eussent été promulguées. Ces sortes d'assemblées sont peu propres à résoudre les questions de détail : il leur suffit de poser des principes généraux, qui puissent rallier le plus grand nombre possible de suffrages ; à la jurisprudence internationale de faire le reste.

D'ailleurs il n'était pas sans intérêt de poser le principe, même dépourvu de commentaires. Le président des Etats-Unis avait solennellement affirmé, moins de six mois avant la déclaration (1), que le transport de la contrebande de guerre n'était interdit *ni par le droit international* ni par le droit municipal. Il importait que cette pratique illicite fût condamnée définitivement par une règle internationale. En fait, elle l'est aujourd'hui par les dissidents comme par les signataires. Qu'on se reporte à la déclaration de neutralité publiée par les Etats-Unis le 22 août 1870 ; elle défend expressément l'exportation en pleine mer, pour l'usage et les besoins d'une des parties belligérantes, des « armes, muni-
« tions et autres articles désignés ordinairement sous le
« nom de contrebande de guerre. » Les publicistes contem-

---

(1) Message du 31 décembre 1855.

porains ne se lassent pas de citer le traité du 26 février 1871 entre les Etats-Unis et l'Italie, dont l'article 15 débute ainsi : « La liberté de navigation et de commerce garantie aux « neutres par les stipulations de ce traité s'étendra à toute « espèce de marchandises, excepté celles qui sont désignées « comme contrebande de guerre.... » L'Espagne admet non seulement que le transport de la contrebande de guerre sous pavillon neutre est une infraction au droit des gens, mais encore qu'il autorise la saisie du navire neutre, pourvu que celui-ci soit à destination d'un port ennemi et saisi *in delicto* (1). Il n'est pas jusqu'au Japon qui n'ait, par sa déclaration de neutralité d'août 1870 (art. 5), interdit à ses navires le transport d'armes à destination d'un des belligérants.

Un certain nombre de puissances signataires ont, en outre, senti le besoin de confirmer la déclaration de 1856 en s'interdisant par des stipulations conventionnelles le transport de la contrebande (2). On arrivait par là même à déterminer les mesures qui pourraient être prises, en cas d'infraction, contre les navires des parties contractantes ou même contre le surplus des cargaisons et à définir, dans les rapports réciproques de ces hautes parties, la contrebande de guerre.

Calvo, terminant son aperçu historique de la neutralité (3), remarque qu'un des cinq ou six faits caractéristiques de la période contemporaine est « la détermination « plus précise des articles qui constituent la contrebande « de guerre. » C'était là sans aucun doute une conséquence des deuxième et troisième résolutions votées par le congrès

---

(1) V. l'ouvrage précité du docteur Ignacio de Negrin.

(2) Cf. les traités conclus par la Turquie avec la France (29 avril 1861), avec la Hollande (23 février 1862), avec le Zollverein allemand (20 mars 1862), avec la Russie (10-21 juin 1873), etc.

(3) Le droit intern., 3ᵉ partie, l. I.

— 42 —

de Paris. Puisque, d'après la nouvelle règle internationale, le transport de la contrebande allait être universellement regardé comme une infraction aux lois de la guerre, le congrès laissant d'ailleurs à chaque puissance le soin de proportionner, comme bon lui semblerait, le châtiment à la faute, il devenait indispensable que chacun connût exactement, au début de chaque guerre, les limites de ses droits et de ses obligations. C'est ainsi, par exemple, que le traité du 26 février 1871 entre l'Italie et les États-Unis déclare expressément vouloir écarter « toute cause de doute et de méprise à cet égard ; » en conséquence les parties contractantes stipulent qu'un certain nombre d'articles *et aucun autre* seront considérés comme rentrant dans la dénomination de contrebande. Suit une énumération très précise, qui finit par les mots, « et généralement toute espèce
« d'armes et instruments en fer, acier et cuivre, et tous
« autres matériaux manufacturés, préparés et faits expres-
« sément pour la guerre sur terre et sur mer. » Il s'en faut néanmoins que tous les actes diplomatiques se soient exprimés aussi nettement et qu'une jurisprudence internationale uniforme ait dissipé toutes les causes de méprise. Ainsi, tandis qu'un certain nombre de conventions ou de déclarations prohibent exclusivement, comme le traité du 26 février 1871, les objets « fabriqués pour servir à la guerre (1), » d'autres réputent contrebande « tous les ob-
« jets qui peuvent être immédiatement utilisés pour la
« guerre (2) ; » d'autres, comme l'ukase russe du 15 mai 1877,

---

(1) V. par exemple les traités entre les Etats-Unis et la Bolivie (13 mai 1859), entre les Etats-Unis et la république dominicaine (8 février 1867), les instructions françaises du 25 juillet 1870, art. 8.

(2) Déclarat. danoise du 30 juin 1862, règlement danois du 16 février 1864, décret prussien du 20 juin 1864, ordonnances autrichiennes du 3 mars 1864 et du 9 juillet 1866. Cf. instruct. italiennes du 20 juin 1866, art. 8.

« tous les objets destinés aux troupes », La Grande-Bretagne et les États-Unis admettent en principe, et sauf convention contraire, que les objets appropriés à la fois à des usages pacifiques et à des usages militaires constituent de la contrebande s'il est à présumer qu'on a l'intention de les faire servir à des usages militaires : c'est ainsi que, dans l'affaire du *Bermuda*, on est arrivé à classer parmi les objets de contrebande un matériel d'imprimerie destiné aux confédérés. Cette question de la contrebande « relative » ou « conditionnelle » est une de celles qui divisent le plus profondément les publicistes contemporains.

Un certain nombre de ces publicistes, parmi ceux qui cherchent avec le plus d'ardeur à conjurer les maux de la guerre et à rapprocher le droit des gens positif du droit naturel, par exemple M. Ch. de Boeck et sir David Dudley Field, ont essayé de restreindre le plus possible la liste des objets de contrebande. « La prohibition, dit le premier (1),
« atteint les seuls objets susceptibles d'être employés à la
« guerre directement et immédiatement et n'ayant d'uti-
« lité que pour la guerre, c'est-à-dire les armes et muni-
« tions de guerre et autres instruments de guerre quel-
« conques : le transport de ces objets à l'ennemi est illicite ;
« le transport de tous autres objets est licite. » « Les choses
« qui constituent la propriété privée d'une personne quel-
« conque et celles qui appartiennent à un état neutre, dit
« le second (2), sont réputés contrebande de guerre lors-
« qu'elles consistent en objets fabriqués pour un usage mi-
« litaire, servant principalement à cet usage en temps de
« guerre et effectivement destinés à servir à la nation
« belligérante ennemie ; elles ne le sont que dans ce seul
« cas. »

Nous comprenons ce généreux effort. Il s'agit d'assurer

(1) n. 614.
(2) Projet d'un code intern., art. 859.

la liberté du commerce neutre. La guerre entraîne à sa suite un cortège de maux et de souffrances ; ne le grossissons pas à plaisir. Épargnons à l'humanité tout ce qu'elle peut éviter. Quand des marchandises *ancipitis usus* auront été capturées, des tribunaux ennemis, peut-être animés de sentiments partiaux, statueront sur la validité de la prise avant que se soit amortie l'ardeur de la lutte. Les neutres le savent et le craignent : ainsi sont paralysées beaucoup d'opérations inoffensives, et le commerce du monde entier reçoit, sans utilité, la plus funeste atteinte. Ce raisonnement est spécieux et mérite assurément qu'on s'y arrête.

Cependant les mêmes publicistes défendent habituellement l'inviolabilité de la propriété privée sur mer, et je ne puis m'empêcher de leur faire observer que, de ces deux propositions, l'une compromet l'autre. La Prusse admettrait-elle d'aussi bonne grâce que la marchandise ennemie doit être soustraite, sur mer, à la capture des belligérants s'il lui fallait renoncer à saisir le soufre et le salpêtre, qu'elle regarde encore aujourd'hui comme des objets de contrebande (1) ? D'autres puissances maritimes, comme l'Angleterre, ne seraient-elles pas d'autant plus disposées à reléguer parmi des chimères la thèse de Mably et de Galiani qu'on leur défendrait désormais d'assimiler, même conditionnellement, à la contrebande le matériel télégraphique (2), le matériel de construction des chemins de fer, les charbons (3), le foin, les chevaux, la résine (4), les bois de charpente (5), etc. ? Rien ne fait mieux ressortir l'erreur des publicistes qui reprochent au congrès de Paris de n'a-

---

(1) Cf. Gessner, Droit des neutres, 2ᵉ éd. p. 108.
(2) V. Parliament. pap., North America n. 14, 1863, p. 5.
(3) V. le discours de lord Kingsdown à la chambre des lords, du 26 mai 1861.
(4) Nostra Signora de Begona, 5 C. Robinson's Rep., 98.
(5) Twende Brodre, 4 C. Robinson's Rep., 37.

voir pas défini la contrebande. Non seulement, en la définissant, il serait sorti de son rôle, mais il aurait donné des armes contre les promoteurs de la plus grande réforme qu'on ait tenté d'introduire, au dix-neuvième siècle, dans le droit de la guerre. C'est assez que les adversaires de cette réforme croient défendre, en la combattant, leur suprématie militaire et commerciale : qu'attendre si l'on met en jeu leur sécurité ? La définition de la contrebande me paraît donc être une question complexe, c'est-à-dire une de celles qu'il faut résoudre au jour le jour, en ménageant des intérêts divers, et qu'on trancherait prématurément, en essayant de la trancher une fois pour toutes, tant que l'inviolabilité de la propriété privée sur mer ne sera pas assurée.

CHAPITRE III

Jusqu'au milieu du dix-septième siècle, les blocus, en fait, n'existent guère que sur le papier. Cependant il serait téméraire d'affirmer que le fait eût été converti en droit, puisque l'Angleterre, l'Angleterre elle-même, proteste en 1575 contre un blocus fictif de l'Espagne par la Hollande et qu'un autre blocus fictif, décrété par l'Angleterre, provoque en 1589 une rupture entre ce peuple et le peuple danois.

A dater de 1650 (1), un certain nombre de traités, après avoir énuméré les objets de contrebande de guerre, parlent des marchandises dont le commerce restait libre entre neutres et belligérants « excepté avec les places assiégées, *blo-*
« *quées ou investies* : » quelques autres, plus explicites, subordonnent expressément la validité du blocus à l'inves-

---

(1) Traité du 17 décembre 1650 entre l'Espagne et les Provinces-Unies.

tissement réel des lieux bloqués (1). Mais, le 22 août 1689, l'Angleterre affiche décidément à la face de l'Europe la prétention de soumettre à un blocus rigoureux toutes les côtes françaises au moyen d'une simple proclamation adressée aux neutres, et, pendant quatre ans, elle applique si brutalement son programme que la Suède et le Danemark, perdant patience, forment, le 17 mars 1693, un premier pacte de neutralité armée. Beaucoup de traités, pendant la première moitié du dix-huitième siècle, condamnent implicitement ou explicitement la théorie des blocus fictifs ; mais l'Angleterre, en 1756, pendant la guerre de sept ans, revient à la pratique de 1689 et met encore en état de blocus, par une simple proclamation, tous les ports français. Elle recommence en 1775, et les neutres se fâchent une seconde fois : Catherine II négocie avec le Danemark, et le ministre danois, M. de Bernstoff, devançant l'œuvre de 1856, propose de soumettre à toutes les puissances maritimes un projet de résolution qui « limiterait le blocus au port réel-
« lement bloqué, c'est-à-dire isolé de telle façon qu'il y
« aurait danger évident d'y entrer. » Un second traité de neutralité armée sort de ces pourparlers ; il est signé les 8 et 21 juillet 1780 par la Russie, le Danemark et la Suède ; la France y adhère quelques jours après, presque toutes les autres puissances maritimes du 27 juillet 1780 au 10 février 1783. On y lisait : « Pour déterminer ce qui caractérise
« un port bloqué, on n'accorde cette dénomination qu'à ce-
« lui où il y a par la disposition de la puissance qui l'attaque
« avec des bâtiments de guerre *arrêtés* et *suffisamment*
« *proches* (2), un danger évident d'entrer. » Vains efforts !

(1) *Urbibus et locis... realiter cinctis* (traités du 22 novembre 1662 entre la Hollande et Alger, du 16 juillet 1667 entre la Hollande et la Suède, du 1er décembre 1674 entre la Hollande et l'Angleterre).

(2) Le mot « arrêtés, » qui subordonne à une condition très rigoureuse l'effectivité du blocus, a disparu dans les actes d'acceptation de l'Autriche (9 octobre 1780) et des Deux-Siciles (10 février 1783).

En 1793, l'Angleterre décrète une fois de plus un blocus de cabinet qui embrasse toutes les côtes de la France. Le Danemark et la Suède renouvellent aussitôt (27 mars 1794) les conventions de la neutralité armée, et finissent par y rallier la Russie et la Prusse ; l'article 3 de la déclaration nouvelle (16-18 décembre 1800) reproduit mot à mot la formule de 1780. Mais de nouvelles conventions en affaiblissent bientôt la portée, et la ligue armée de 1800 se dissout d'elle-même.

Enfin, le 16 mai 1806, paraît l'ordre du conseil britannique qui ferme sur le papier l'accès de tous les ports, de toutes les côtes, de toutes les rivières depuis l'Elbe jusqu'à Brest, « *lesdits côtes, rivières et ports devant être considérés comme actuellement bloqués.* » Napoléon répond par le décret de Berlin (21 novembre 1806), c'est-à-dire en inaugurant le blocus continental ; il met à son tour les îles britanniques en état de blocus et déclare sujets à confiscation tous les navires qui partiront pour l'Angleterre des ports français ou occupés par l'armée française. Le cabinet de Londres oppose au décret de Berlin quatre ordres du conseil (7 janvier et 11 novembre 1807), qui étendent le blocus non seulement à toutes les côtes, à tous les ports de la France, mais à tous les lieux d'où le pavillon britannique est exclu. L'empereur ne s'arrête pas dans la voie des représailles, et deux nouveaux décrets (octobre et décembre 1807) ordonnent la saisie des navires neutres, par cela seul qu'ils arrivent du littoral anglais. C'en était trop : le bon sens, l'humanité, les nécessités du commerce, l'intérêt des peuples civilisés, tout protestait contre le monstrueux abus de la force que l'Angleterre érigeait depuis plus d'un siècle en règle internationale contre le gré de l'Europe, et l'excès même du mal permettait de prévoir que les puissances maritimes s'entendraient dans un assez bref délai.

Cependant nos voisins d'outre-Manche ne renoncèrent

pas aux blocus fictifs après 1815, et l'Europe ne leur enjoignit pas d'y renoncer. Tandis que la France se prononçait pour les blocus effectifs en 1823, en 1825, en 1827, en 1838, l'Angleterre établissait en 1850 (affaire du Pacifico) un blocus fictif sur toutes les côtes de la Grèce. La question n'était donc pas encore résolue après la guerre de Crimée, puisqu'aucune réforme n'est faite, dans la sphère du droit international maritime, tant qu'on n'a pas obtenu la signature de l'Angleterre. Elle ne le fut que par la déclaration de 1856, dont le quatrième principe fut voté sous cette forme : « Les blocus, pour être obligatoires, doivent être « effectifs, c'est-à-dire maintenus par une force suffisante « pour interdire réellement l'accès du littoral ennemi. »

La nouvelle règle internationale est, à notre avis, de celles qui s'imposent à tous les peuples civilisés par un caractère d'évidence irrésistible. Bloquer, c'est investir, quelque système qu'on adopte sur le fondement du blocus. Pour ceux qui le font reposer sur la conquête, l'occupation temporaire ou la quasi-possession d'une partie de la mer territoriale ou de la pleine mer, cette évidence éclate à tous les yeux, car on n'a conquis, on n'occupe, on ne possède que ce qu'on détient réellement. Ceux qui, rattachant le blocus aux nécessités de la guerre, l'envisagent simplement comme une opération militaire dirigée par un belligérant contre un belligérant, doivent, en bonne logique, aboutir à la même conclusion ; car encore faut-il bien expliquer en quoi consiste cette opération. Or elle ne peut consister que dans la suppression des communications entre la place bloquée et le dehors, non dans l'intention de les supprimer. En thèse et abstraction faite du droit conventionnel, si les neutres sont tenus de respecter ce moyen de guerre, c'est à la condition qu'il soit employé ; il ne suffit pas qu'on ait manifesté le dessein de l'employer.

D'ailleurs il est aisé de mesurer l'étendue du bienfait par celle du mal auquel on a voulu mettre un terme. Le premier inconvénient des blocus fictifs, c'est qu'on ne sait où ils commencent ni où ils finissent. On arrive à confisquer, par application du droit *de prévention*, sur n'importe quel point de l'Océan, tous les navires qui cinglent ou qui sont soupçonnés de cingler vers la côte fictivement bloquée : on en vient même à saisir, pendant le voyage de retour, par application du droit *de suite,* tous les navires qui ont touché cette côte ou sont réputés l'avoir touchée. C'est une série de violences inexcusables auxquelles les neutres résistent de tout leur pouvoir, provoquant ainsi de nouvelles violences à titre de représailles : on accroît démesurément les maux de la guerre, on trouble le commerce des peuples les plus pacifiques, on appauvrit l'univers entier.

Aussi les quarante et une puissances signataires n'essayèrent-elles pas, en général, d'enfreindre dans leurs rapports réciproques, cette dernière partie de la déclaration. Cependant le Danemark s'en écarta dans la guerre des duchés, quoique le règlement danois du 16 février 1864 se fût approprié tout d'abord la nouvelle règle internationale adoptée par le congrès. M. de Bismark fit observer, le 18 et le 22 juin 1864, que le blocus de six ports prussiens, décrété en février, n'avait pas même reçu un commencement d'exécution avant le 11 avril; que, jusque là, les navires neutres ou prussiens avaient pu librement entrer dans les ports et que, plus tard, cet état de choses s'était à peine modifié. La Prusse, poursuivit-il, si le cabinet de Copenhague ne renonçait pas aux blocus fictifs, se regarderait comme déliée de toutes les obligations que la déclaration de de Paris impose aux belligérants. Du 31 décembre 1862 au 6 janvier 1863, le port de Rio-Janeiro fut virtuellement bloqué par une croisière anglaise. Le pacte de 1856 fut encore plus ouvertement méconnu par la Porte dans le conflit turco-russe de 1877, quoiqu'elle eût, au début des hostilités, annoncé son intention de s'y conformer (1er mai 1877);

les amiraux turcs confessaient eux-mêmes (1), au cours de la guerre, que l'empire ottoman n'avait pas assez de vaisseaux pour organiser des blocus effectifs, et les vaincus durent promettre, à San-Stefano (2), « de ne plus établir do-
« rénavant, devant les ports des mers Noire et d'Azof, de
« blocus fictif qui s'écartât de l'esprit de la déclaration de
« 1856. » Enfin le Chili n'établit que des blocus fictifs, en 1879 et en 1880, devant les ports de la Bolivie et du Pérou. La nouvelle règle internationale a donc été violée quatre fois en vingt-sept ans : cependant aucune des nations qui l'ont violée n'est disposée à soutenir, en thèse, que les puissances aient un seul moment cessé d'être liées par cette partie de la déclaration. Interrogées séparément, elles nieraient peut-être leur faute ou la confesseraient en invoquant je ne sais quelle force majeure, mais ne méconnaîtraient pas que le pacte de 1856 a eu pour effet de faire entrer la suppression des blocus fictifs dans le domaine du droit des gens positif.

Toutefois les dissidents ne sont liés ni dans leurs rapports réciproques ni envers les signataires (3). Il est vrai que la déclaration de blocus publiée à Washington le 19 avril 1861 était rédigée dans les termes suivants : « Le président des
« Etats-Unis, voulant rétablir la tranquillité publique, a
« jugé opportun de mettre sur pied des forces de blocus
« devant les ports des États rebelles ; une force navale *effec-*
« *tive* sera donc expédiée pour empêcher l'entrée et la sortie
« des navires en *croisant* devant les ports rebelles. » Mais le blocus par croisière, même aux yeux des jurisconsultes qui n'en reconnaissent pas l'illégitimité absolue, est assurément illégitime quand les vaisseaux croiseurs, trop peu

(1) *Rev. de dr. intern.*, année 1878, p. 24.
(2) Art. 24 de la déclaration du 3 mars 1878.
(3) A moins, bien entendu, qu'ils ne se soient engagés par quelque traité particulier.

nombreux et trop éloignés, n'empêchent qu'à de rares intervalles l'accès des lieux bloqués. Or il s'agissait, en avril 1861, de bloquer 3.500 kilomètres de côtes avec 45 vaisseaux de guerre (1). On ne pouvait pas même, dans ces conditions, organiser un blocus par croisière, et c'est ainsi, par exemple que, jusqu'au 25 août 1861, le *Sumter* avait pu ramener librement 75 prises dans la plupart des ports mis en état de blocus par le cabinet de Washington. Mais, il est à peine utile de le remarquer, personne n'avait le droit de reprocher aux Etats-Unis une infraction au pacte qu'ils n'avaient pas signé. Les puissances maritimes étaient réduites à se placer sur le terrain du droit positif immédiatement antérieur à la déclaration de 1856 : or, à cette époque, on pouvait bien invoquer contre les blocus par croisière un certain nombre de précédents, non une règle fixe. C'est pourquoi si lord John Russell eut tort d'envisager, dans un de ses discours (10 mars 1862), les blocus des ports confédérés comme effectifs, l'Angleterre eut du moins raison, après avoir adressé quelques observations aux ministres américains, de ne pas convertir ces observations en protestation diplomatique, puisqu'il lui aurait fallu, pour protester, s'appuyer sur la déclaration de Paris.

Cependant la France et la Grande-Bretagne protestèrent contre un acte du congrès et un décret présidentiel qui allaient aboutir à la transformation du blocus par croisière en un blocus sur papier. Le congrès avait autorisé le président à fermer les ports du sud et le président, « vu l'insuf-
« fisance du nombre des vaisseaux de guerre américains!», décidait que certains ports des confédérés « seraient dé-
« clarés comme n'étant plus des ports d'entrée. » Mais le cabinet de Washington invoquait, pour atteindre ce but, sa souveraineté sur tout le territoire de l'Union américaine et

---

(1) Auxquels on ajouta plus tard une cinquantaine de navires marchands transformés à l'improviste en vaisseaux de combat.

par conséquent son droit de décider, au sud comme au nord, quels ports seraient ouverts ou fermés aux étrangers. La France et la Grande-Bretagne eussent dû, pour accepter ce raisonnement, commencer par dénier aux sudistes la qualité de belligérants qu'ils leur avaient déjà reconnue, et c'est pourquoi leur protestation ne pouvait pas être repoussée : elle fut acceeillie.

Les cabinets de Londres et de Paris firent en outre observer au président Lincoln qu'il allait établir un blocus sur papier dans une forme tout à fait insolite, et peut-être, en se reportant à sa propre circulaire du 24 avril 1861, se laissa-t-il désarmer par cet argument. Mais on peut se demander s'il était rigoureusement tenu de se laisser désarmer. « La solution ne nous paraît pas douteuse, dit « M. Fauchille dans son traité du blocus : un blocus de ca- « binet décrété par les États-Unis eût été légalement obli- « gatoire pour les autres nations. » La question n'était pas si simple, au moins dans les rapports des Etats-Unis avec notre gouvernement, parce que la France, même avant 1856, n'admettait pas ces blocus sur papier à propos desquels elle avait accusé l'Angleterre de « méconnaître toutes les idées « de justice et tous les sentiments humains » (1), ou du moins ne les admettait qu'à titre de représailles. Or le cabinet de Washington lui-même avait, en décembre 1846, proclamé solennellement, à propos du blocus des ports mexicains, que « les principes maintenus par les Etats-Unis, depuis « qu'ils existaient comme Etat indépendant, n'autorisaient « pas les blocus par décret. » La France, à défaut de l'Angleterre, eût eu qualité, selon nous, pour rappeler à l'Union américaine que telle était, à la veille du congrès de Paris, la régle internationale commune aux deux peuples, par conséquent pour contester la validité des prises faites au

(1) Rapport de M. de Talleyrand à l'Empereur (29 novembre 1806).

préjudice de ses nationaux, accusés d'avoir enfreint un tel blocus.

Il serait d'autant plus difficile aux Etats-Unis de contester aujourd'hui cette interprétation de l'ancienne jurisprudence internationale qu'ils l'ont eux-mêmes sanctionnée par un acte diplomatique après la guerre de sécession. L'empereur Maximilien voulut faire le 9 juillet 1866 ce que la France et l'Angleterre avaient empêché le président Lincoln de faire en 1861 : il entendit fermer au commerce étranger par un simple décret « le port de Matamoros et tous ceux de la « frontière du Nord, » qui s'étaient soustraits à son obéissance. Les Etats-Unis déclarèrent ce décret nul et non avenu, non pas, sans doute, en vertu du pacte de 1856, qui ne concernait ni l'une ni l'autre des deux puissances, mais par application du droit antérieur à 1856.

Ce n'est pas non plus en invoquant la déclaration de Paris que la France adressa, en 1865, une communication par voie diplomatique au gouvernement espagnol. Celui-ci avait décrété un véritable blocus de cabinet contre toutes les côtes chiliennes : sur nos observations, il limita le blocus à six ports du Chili (1).

Si nous ne pouvons pas invoquer contre les dissidents le pacte de 1856, peuvent-ils, en cette matière, l'invoquer contre nous ? On croirait d'abord qu'il suffit de poser la question pour la résoudre : il n'en est rien.

La France est, nous le supposons, en guerre avec le Céleste Empire, et soumet quelque port chinois à un blocus non effectif. Que la Chine n'ait rien à dire, ce point est hors

---

(1) Il semble, en effet, résulter de l'exposé fait par I. de Negrin dans son traité de droit international maritime (Madrid, 1873) que le neutre, pour enfreindre le blocus, doive avoir violé le territoire naval du belligérant, c'est-à-dire une portion de la mer qui puisse être regardée comme détenue par ce belligérant. V. la Revue de droit intern., année 1878, p. 398 et suiv.

de doute. Mais les neutres sont-ils condamnés au même silence ? Comment, dira-t-on peut-être, les admettre à contester la validité d'un tel blocus ? Il faut, mais il suffit que la mesure soit légitime entre les belligérants. Le blocus, il ne faut pas l'oublier, est une opération de guerre qui s'adresse directement à l'ennemi, quoiqu'atteignant indirectement les neutres (1). Il suffit, pour en apprécier la légalité, de déterminer quel est, au juste, le lien de droit entre les belligérants : donc, valable entre le bloquant et le bloqué, le blocus est opposable aux neutres.

Il n'en est pourtant pas ainsi.

Le blocus du port chinois n'étant pas effectif, cinq ou six navires anglais ou allemands ont aisément trompé la surveillance lointaine de quelques croiseurs. Moins heureux, le septième est aperçu par nos marins au moment même où il franchit la prétendue ligne du blocus, et capturé. Sera-t-il de bonne prise ? Je ne le crois pas. Vous nous aviez promis, s'écrieront l'Angleterre et l'Allemagne, que les blocus ne seraient plus effectifs s'ils n'étaient obligatoires : nous réclamons l'exécution de cette promesse. La question, poursuivront-elles, n'a presque pas d'intérêt pour le belligérant bloqué, tous ses navires, d'après le droit des gens positif et la coutume universelle, étant de bonne prise une fois qu'ils sont rencontrés par les vaisseaux publics armés de l'autre belligérant. Puisque ses bâtiments sont légalement capturés quand même le blocus ne serait pas légal, c'est nous, avant tout, que la quatrième maxime de la déclaration concerne ; laissez-nous passer.

Il est bien difficile, en effet, de contester que les neutres aient qualité pour dénoncer dans leur intérêt propre et à leur point de vue personnel un blocus illégal. Les ligues de neutralité armée n'ont été, soit en 1693, soit en 1780, soit

---

(1) V. une note de M. Roucher aux chambres de commerce (10 septembre 1861) et Fauchille, *op. cit.*, p. 16.

en 1800 qu'un armement commun stipulé pour faire respecter leurs droits en cette matière, sans qu'on prétendît intervenir en faveur de la puissance bloquée.

Mais je n'ai parlé que des puissances signataires : quel sera le droit des neutres dissidents ? Il semble tout d'abord absurde d'autoriser des neutres, qui pourraient soumettre nos ports à des blocus non effectifs, à contester le caractère obligatoire d'un blocus auquel nous aurions soumis nous-mêmes le port d'une nation dissidente ou signataire. Cependant la question est embarrassante et complexe, parce que ces neutres peuvent invoquer un principe de droit international universellement admis : un port est bloqué ou ne l'est pas, ce qui signifie qu'un port, en général, ne peut pas être ouvert pour les uns, fermé pour les autres.

La pratique internationale n'a pas résolu ce problème. En 1873, quand la flotte hollandaise bloqua, sur certains points, le littoral de l'île de Sumatra, elle le bloqua d'une manière effective (1). Les blocus établis en 1883 devant certains ports du Tonkin et de l'Annam ont été, de même, effectués dans les conditions prescrites par la déclaration de Paris (2). La France et la Prusse en 1870, la Rus-

(1) Un témoin oculaire, officier de la marine militaire française, nous a donné ce renseignement.

(2) Je m'empresse de vous confirmer, dit une dépêche de M. Challemel-Lecour au marquis Tseng (18 août 1883), qu'il s'agit, dans le cas actuel, de blocus effectués dans les conditions prescrites par la déclaration dressée le 16 avril 1856 par le congrès de Paris, c'est-à-dire maintenus par une force suffisante pour interdire effectivement l'accès du littoral. V. quant au service même du blocus les détails donnés par une lettre de Haï-Phong, du 22 septembre 1883, publiée par le *Temps* du 14 novembre.

Le *North China Daily News* de Shanghaï, du 28 juillet 1883, s'est attaché à réfuter la nouvelle suivante, venue du Japon : « Lord Granville a informé M. Challemel-Lacour que, dans le cas d'une guerre entre la France et la Chine, le blocus ne serait pas reconnu si certains ports

sie en 1877 avaient coupé court aux difficultés en déclarant tous les principes de la déclaration, même le quatrième, applicables aux Etats-Unis et à l'Espagne, par conséquent en permettant à ces puissances de critiquer un blocus non effectif au sens précis de la déclaration et de contester la validité des prises faites en exécution d'un tel blocus.

Cependant la France, la Prusse, la Russie n'étaient pas obligées de tenir ce langage, et la question peut se poser un jour ou l'autre. Quelle serait la règle internationale ?

Je ne puis me décider à croire que les neutres dissidents auraient qualité pour invoquer la déclaration qu'ils n'ont pas signée.

Est-ce le port d'un dissident qui est bloqué ? Le bloquant peut répondre : d'une part, l'opération de guerre est licite en elle-même, et le belligérant ne saurait la critiquer ; d'autre part, je n'entends favoriser personne. J'entends établir un blocus véritable et, si mes ressources ne me permettent pas d'investir rigoureusement les lieux bloqués, je fais du moins ce qui dépend de moi pour en fermer indistinctement l'accès ; je notifie régulièrement le blocus à toutes les puissances, etc. Cependant vous dénoncez l'immunité dont profiteraient les vaisseaux des signataires, tandis que les vôtres seront déclarés de bonne prise ? Cette inégalité de traitement, vous l'avez recherchée vous-mêmes en vous plaçant hors du droit commun : elle dépend non de mon caprice, mais de votre volonté réfléchie. Vous ne pouvez pas à la fois vous soustraire à la nouvelle règle internationale et en profiter.

J'incline à penser qu'il en serait encore ainsi quand même

seuls étaient effectivement bloqués et non les côtes entières de la Chine. » Ou cette proposition n'a aucun sens (car le bloquant est libre de limiter son blocus) ou elle signifie que l'Angleterre ne reconnaîtrait pas le blocus d'une partie du littoral chinois si ce blocus n'était pas effectif, comme celui d'un port déterminé.

le port bloqué appartiendrait à une des puissances signataires. C'est en leur nom propre et dans leur intérêt particulier que les neutres peuvent contester la validité d'un blocus; mais, en tant que neutres, ils n'ont pas à s'immiscer dans les rapports des belligérants. Le bloquant pourrait donc tenir le même langage à ces dissidents.

Il s'agit enfin de déterminer le sens précis et la portée de la nouvelle maxime internationale.

Lord Palmerston crut pouvoir affirmer, le 10 mai 1862, à la chambre des communes, que « la déclaration de Paris « n'avait émis aucun principe nouveau sur la matière. » C'est là, selon nous, un paradoxe hardi.

D'abord il est indubitable que la déclaration a proscrit les blocus sur papier. L'Angleterre ne pourrait plus recommencer contre nous ce qu'elle a fait pour la première fois en 1346 et continué en 1689, en 1775, en 1806, c'est-à-dire mettre tout notre littoral en état de blocus par une simple déclaration. N'est-ce rien que d'avoir amené la première puissance maritime du globe à répudier une pratique détestable, à laquelle elle s'était obstinément attachée pendant cinq cents ans?

Mais la déclaration avait-elle également proscrit le blocus par croisière? Non, d'après le gouvernement anglais, et c'est là qu'en voulait venir lord Palmerston le 10 mai 1862.

Un certain nombre de publicistes reprochent au congrès de Paris de n'avoir pas prévenu, sur ce point, toute controverse. Le fils du grand ministre Casimir Périer en 1862, Neumann en 1875 exprimèrent le regret qu'on n'eût pas déterminé catégoriquement à quelles conditions un blocus serait désormais effectif. La déclaration se borne à dire, on le sait, que les blocus sont effectifs lorsqu'ils sont maintenus par une force suffisante pour interdire réellement l'accès du littoral ennemi. Neumann ne comprend pas que les plénipotentiaires aient adopté une définition aussi vague, quand ils avaient sous les yeux les déclarations faites en 1780 et en 1800 par les deux ligues de neutralité armée. Mais ce n'est pas par inadvertance, nous en sommes convaincu, qu'on n'a pas reproduit, dans le pacte de 1856, le texte de ces déclarations. Si la majorité des puissances avait exigé une définition plus précise, on n'aurait pas obtenu l'assentiment de la Grande-Bretagne. Les adversaires les plus déterminées des blocus fictifs, comme Gessner, sont obligés de reconnaître que la déclaration de Paris n'exclut pas formellement le blocus par croisière. C'est bien là le but que visait, en 1856, le gouvernement anglais, et qu'il atteignit. Est-ce à dire, comme l'a soutenu le ministre américain Marcy, dans sa dépêche du 28 juillet 1856, que la déclaration, « en répétant simplement une « maxime incontestée de droit maritime, n'ait enlevé au « sujet rien de sa difficulté ? » C'est, à notre avis, aller trop loin.

Tous les blocus par croisière ne se ressemblent pas. Il y en a, par exemple, qui ne laissent pas subsister pour les navires neutres le « danger évident » d'entrer dans le port bloqué. Tel fut celui que pratiquèrent en avril 1861, au début de la guerre civile, les Etats-Unis, et dont nous avons parlé. Un pareil blocus, organisé par une des puissances signataires, serait contraire au pacte de 1856, parce qu'il n'interdit pas réellement l'accès du littoral ennemi. Ce n'est plus le blocus sur papier; ce n'est pas non plus, aux termes de la déclaration, un blocus effectif. Mais on peut très bien supposer qu'un certain nombre de croiseurs passent et repassent continuellement devant les lieux bloqués, de façon qu'il soit très difficile de tromper leur surveillance. C'est évidemment l'hypothèse qu'avait prévue et légitimée la convention conclue le 13 mars 1801 entre la Russie et la Suède : « Pour déterminer ce qui caractérise un port blo-
« qué, disait-elle (art. 24), on n'accordera cette dénomina-
« tion qu'à celui qui sera attaqué par un nombre de vais-

« seaux proportionné à la force de la place *et qui en seront*
« *suffisamment proches pour qu'il y ait un danger évident*
« d'entrer dans ledit port. » Or voici quel est, à notre avis,
l'effet pratique de la nouvelle règle internationale : il ne
suffit ni au bloquant pour démontrer la légalité du blocus
ni au bloqué pour en démontrer l'illégalité d'établir qu'une
croisière est organisée : le premier devra prouver en outre
que, grâce au nombre et à la position des croiseurs, il y a
danger évident pour les neutres d'entrer dans le port, le second devra faire la preuve contraire. Les blocus par croisière ont cessé d'être indistinctement illicites : voilà le progrès.

Ce système n'est pas le meilleur, nous l'accordons, parce qu'il laisse la porte ouverte à de perpétuelles discussions de fait et à des conflits internationaux. Mais M. Casimir Périer nous paraît s'en être exagéré les inconvénients, lorsqu'il a dit (1) : « Qui sera juge de l'efficacité du blocus si ce n'est
« le belligérant, et qu'est-ce qui l'empêchera de trouver
« suffisante une force dérisoire ? » Les neutres auront aussi qualité pour contester l'efficacité du blocus, aujourd'hui comme en 1589, en 1693, en 1780, en 1800 et, le cas échéant, pour intervenir à main armée.

A plus forte raison n'est-il pas nécessaire que les vaisseaux cernant le lieu bloqué se touchent de manière à former comme un mur impénétrable. Cette exigence eût été ridicule, et tel n'est pas l'esprit de la déclaration.

Aux yeux de M. Fauchille (2), il n'y a pas de blocus effectif sans un certain nombre de vaisseaux *stationnant* devant la côte ennemie de manière à cerner le lieu bloqué, n'étant pas séparés les uns des autres par une distance supérieure à une double portée de canon, et flanqués d'une escadre volante. Celle-ci devra notifier le blocus aux navires

---

(1) *Revue des Deux Mondes* du 15 janvier 1862.
(2) p. 130.

neutres qui se présenteraient et, s'il y a lieu, tantôt les arrêter, tantôt les poursuivre. Les bâtiments stationnés ne pourront que canonner sans poursuivre ; car, s'ils bougeaient, ils ouvriraient « la ligne bloquante » et le blocus cesserait d'être effectif. C'est là sans doute le type idéal, mais c'est presque un type abstrait du blocus effectif. On n'enfreindrait pas le pacte de 1856 pour ne s'être pas conformé à ces prescriptions rigoureuses.

Un traité conclu le 16 juillet 1667 entre la Hollande et la Suède subordonnait le caractère effectif du blocus à l'investissement simultané par terre et par mer. Mais c'est là, dans l'histoire du droit des gens, un fait accidentel. Il serait d'ailleurs à peu près impossible, en fait, à la plupart des puissances d'établir sur terre un cordon de soldats en même temps qu'une ligne de vaisseaux sur la côte. M. Casimir Périer en 1862, le professeur Sheldon Amos en 1876 me paraissent donc avoir méconnu les véritables conditions du blocus maritime en ne le réputant effectif que sous la condition du double investissement. En tout cas, la déclaration de Paris n'a pas cette portée.

Tout le monde sait que les Etats-Unis, en 1861, coulèrent à l'entrée de plusieurs ports du sud, parmi lesquels celui de Charleston, des navires chargés de pierres. L'Angleterre reconnut l'illégitimité d'un tel procédé, lorsqu'il devrait causer un dommage permanent au port bloqué, tous les peuples ayant le droit de recouvrer sur tous les points de la mer, à la fin des hostilites, la liberté de la navigation, qui est leur patrimoine naturel. M. Fauchille est allé plus loin et, se plaçant dans l'hypothèse où les croiseurs ne seraient pas assez nombreux pour notifier le blocus aux navires neutres, a fait justement observer que ces navires, de la meilleure foi du monde, iraient se briser sur la ligne de pierres et seraient ainsi punis d'avoir enfreint le blocus sans avoir voulu l'enfreindre. Nous doutons même pour notre compte que ce blocus d'invention nouvelle puisse être regardé comme effectif au sens précis de la déclaration. Il faudrait, en effet, forcer le sens des mots pour assimiler les bâtiments chargés de pierres, et coulés devant le port à « la force suffisante » qui est destinée d'après le congrès, à « interdire réellement l'accès du littoral « ennemi. »

Enfin faut-il déduire de la quatrième règle internationale adoptée par le congrès que le blocus doive être regardé comme levé par cela seul que l'escadre bloquante aurait été momentanément éloignée par une tempête, ne fût-ce que pour quelques heures? La question était débattue avant 1856 entre les partisans les plus sincères du blocus effectif et nous paraît être de celles que la déclaration de Paris n'a pas tranchées. On peut assurément soutenir avec Hautefeuille et Gessner que le blocus, interrompu pour une cause quelconque pendant une demi-heure, est levé, c'est-à-dire ne peut être rétabli s'il n'est de nouveau notifié aux puissances maritimes dans les formes ordinaires. Mais M. Bulmerincq ne répute pas le blocus levé quand l'éloignement, *motivé par un mauvais temps de mer constaté* (1), n'a pas excédé vingt-quatre heures; l'institut de droit international décidait, dans son assemblée de Zurich, « qu'un blocus est effec-
« tif lorsqu'il a pour résultat d'empêcher l'accès du port blo-
« qué au moyen d'un nombre suffisant de vaisseaux de guerre
« stationnés *ou ne s'écartant que momentanément de leur*
« *station,* » sans vouloir même distinguer entre les causes d'éloignement momentané (2). Une commission de ce même institut, siégeant à Wiesbaden en septembre 1861, déclarait enfin que le mauvais temps ne faisait jamais disparaître

---

(1) V. *Rev. de dr. intern.*, année 1879, p. 619 et suiv.

(2) Toutefois l'institut de droit international n'a pas voulu dire, c'est de toute évidence, que, si la flotte bloquante a été dispersée par la force, ne fût-ce que pour un temps très court, le blocus n'est pas levé.

le blocus, quelle que fût la durée de l'éloignement. Les partisans de ces différents systèmes croient également obéir au congrès de Paris, et nous pensons tout au moins qu'aucun d'eux ne lui désobéit. On pose, dans ces grandes assises du monde civilisé, quelques règles générales qui contribuent à l'amélioration des rapports internationaux et au progrès de la civilisation ; mais, si l'on essayait d'entrer dans le détail des réformes, on n'aboutirait à rien, parce qu'on cesserait de s'accorder.

TABLE

Avant-propos... 1

Chap. I. — La course.. 9

II. — La marchandise ennemie sous pavillon neutre et la marchandise neutre sous pavillon ennemi....... 29

III. — Le blocus.................................... 45